3 Kurze

Drei Kurzgeschichten aus dem Hause Brenner

Autor: ©2009 Peter (Albra) Brenner

Druck und
Verlag: BoD Norderstedt

ISBN: 97838393143797

Mit einem Allerweltsnamen ausgestattet und darüber hinaus mit einer großartigen Familie im Rücken, hat er sich an das Wagnis „Buchveröffentlichung" gemacht und drei seiner vielen Geschichten auf den Markt geworfen, in der festen Hoffnung, von seinem kleinen, im Schwarzwald gelegenen Dorf aus die Welt erobern zu können.

Das Dorf trägt den Namen Schönbronn, seine wundervolle Familie die Namen Gesine, Elisabeth und Mareike.

Dann ist da noch Reinhard, ein guter Kumpel, der ihm als Vorbild für das arme Schwein „Buller" gedient hat und dem er herzlichst dafür danken möchte.

Danken möchte er auch Hugo und Erika, die ihn im Dorfe des Weltfeindes großgezogen haben.

Und schließlich dem werten Leser, der dieses Büchlein gekauft hat und das er hoffentlich in allen Belangen genießen kann.

Inhalt

Die Insel der Vergessenen

„Wie lange sitzt er schon so da?"
„Den ganzen Morgen."
„Wie üblich."
„Wie üblich!"
„Und starrt, und starrt, starrt..."
„Er wird es niemals aufgeben."
„Das fürchte ich auch!"
„Vielleicht sollten wir alle Boote verstecken."
„Das wäre wohl das Beste."
Nachdenkliche Pause. „Sonst reißt er dich und mich...und wahrscheinlich noch ein paar andere mit hinein."
Seufzen. „Gut möglich!"
„Was könnten wir ihm denn noch anbieten?"
„Zur Ablenkung, meinst du?"
„Richtig."
„Hm. Nichts Neues, fürchte ich."
„Wir hatten schon alles? Das ganze Programm?"
„So ist es."
„Ah, der Fluch der Insel!"
„Irgendwann hast du alles gesehen, was sie zu bieten hat."
„Leider. Obwohl sie auch ihre Vorzüge hat, keine Zweifel."
„Ich möchte sie nicht mehr missen!"
„Ich auch nicht." Nachdenkliche Pause. „Ach weißt du was, wir gehen eine Runde mit ihm tauchen. Damit er nicht ständig nur übers, sondern auch ins Wasser schaut. Der blöde Hund, echt, da schwimmen diese großartigen Geschöpfe direkt vor seiner Nase herum, und alles, was er tut, ist in Richtung

Insel starren! Das muss man doch nicht verstehen, oder?"

„Die *mysteriöse* Insel!"

„Elvis´ Insel."

„Die Insel der toten Promis."

„Der angeblich toten."

„Untoten."

„Jetzt aber!"

I

Er hatte diesen Traum, diesen einen, letzten, unerfüllten Traum. Einen der Sorte, die an einem nagen, ohne recht Ruhe zu geben und die man nicht betäuben kann, nicht mit allen Gütern dieser Welt, nicht mit den schönsten Frauen, den heißesten Nächten, nicht mit Erfolg, auch nicht mit der kleinen, goldenen Statue, die seinen Wohnzimmerschrank schmückte. Einen Traum, den selbst Gott nicht aus seinem Schädel hämmern konnte, obwohl er alles mögliche unternahm.

Der Großteil der Inselgemeinschaft sah diese Besessenheit mit Sorge und unternahm, so wie Gott, alles, um ihn davon abzubringen, denn sie wussten sehr wohl, dass er eines Tages zu dieser Insel aufbrechen und damit sich und wahrscheinlich andere auch ins Unglück stürzen würde, wenn sie ihn nicht von seinem Zustand heilen konnten.

Das Triumvirat hatte ihn mehrmals vorgeladen und in freundschaftlicher Art zu ihm gesprochen. Steelberg, Shanks und Rodriguess unternahmen alles, fühlten aber auch den Frust, weil sich Li Cabrio nicht helfen lassen wollte. Immer wieder kamen Mittel wie Verbannung, Schockhaft (dieses Wort war eine Kreation Tarrenteenos, der eigentlich als drittes Mitglied im Triumvirats vorgesehen war, stattdessen aber lieber ständig neue Filmprojekte verfolgte) oder das Verbot, Boote zu fahren auf den Tisch.

Die Antwort darauf war immer die gleiche: „Na ja, er hat ja nichts angestellt. *Noch* nichts, jedenfalls."

Weil er nichts angestellt hatte, waren den Verantwortlichen die Hände gebunden.

Somit blieb nur, an seine Vernunft zu appellieren oder aber gute Ablenkungsmanöver zu finden. Die aber waren auf dieser Insel, wie auf jedem Eiland, begrenzt, trotzdem diese Insel namens „New Hollywood" sehr viele Dinge bot. Irgendwann war jedes Angebot einmal genutzt und jedes Stückchen Erde der Insel beschaut.

Andererseits gab es nichts, was Geld nicht beschaffen konnte und Geld war auf dieser Insel mehr als genug vorhanden. „Die reichste Kolchose der Welt!" hatte Groony sie einst bezeichnet, und diese Bezeichnung hatte seither Bestand.

Es war schon eine enorme Leistung, dass alle ihr Vermögen zusammen gelegt und eine gerechte Lebensgemeinschaft gebildet hatten. Für manche erfüllte sich damit ein Lebenstraum und sie gaben der Insel den Beinamen „Spirit of the Sixties". Wie auch immer.

Nach dem Ende Hollywoods zogen nicht alle auf die Insel. Woody Allen zum Beispiel hatte mit den Worten abgelehnt, dass er längst auf einer Insel wohne und diese niemals verlassen wolle. Groony war zwar ein Bewohner, doch ihn trieb die Abenteuerlust immer wieder hinaus, so dass er nur für wenige Monate auf der Insel lebte.

Dabei fand er Neider, die von dieser Ungebundenheit nur träumen konnten. Brad Pilts zum Beispiel verlangte jedes Mal, mit Groony mitzugehen. Doch da machte Angelina Jolly nicht mit. Er habe schließlich eigene Kinder, die ihren Vater bräuchten! Und wie sollte sie sonst die Leitung des Kinderhortes bewältigen, wenn er sich nicht um den Haushalt kümmerte?

Manche wollten gerne auf dieser Insel wohnen, doch weil sie mehr Sternchen denn Stars waren, fanden sie keine Aufnahme. Statt dessen hingen sie eben im alten Hollywood ab, in das sich hin und wieder ein Reporter verirrte und half, vergangene, glamourösere Zeiten aufleben zu lassen. Mit der Zeit gewöhnten sich Lorhan, Foxi und Konsorten an dieses Leben und kamen damit bestens zurecht.

Alles in allem herrschte Glück und Zufriedenheit auf der Insel, denn man war unter sich, lebte in Saus und Braus, und weil die Boulevard Presse irgendwann einmal vergaß, hatte man ab einem bestimmten Zeitpunkt auch nichts mehr mit Paparazzi zu tun.

So hätten sie, wie in Grimms Märchen, eigentlich alle glücklich und zufrieden bis an ihr Lebensende leben können.

Doch da war dieser Traum, den Li Cabrio hatte, und der unablässig an ihm nagte. Schon seit Jahren. Und der irgendwann auch andere heimsuchte, obwohl er niemals für sein Vorhaben warb. Mit der Zeit konnte so ein luxuriöses Leben auch mal langweilig werden. Manchmal fehlten die Herausforderungen die man dann unter Umständen suchen musste.

Das war es, was Li Cabrio tat. Er hatte sich die ultimative Herausforderung gesucht- eine Landung auf der mysteriösen, nebelverhangenen, weit abseits gelegenen Insel. Die Insel der Toten. Elvis´ Insel. Die Insel der Superpromis, denen man nachsagte, sie seien tot, die aber einer Legende nach in Wahrheit auf eben jener Insel wohnten.

Li Cabrio wollte sich diesen Traum nicht nehmen lassen, und so wartete er auf eine günstige Gelegenheit, ihn wahr zu machen.

II

„Ich hoffe doch, Jim Morrison zu treffen."

Li Cabrio wirbelte herum, das Herz um einige Takte schneller, und starrte in Tarrenteenos grinsendes Gesicht. Er hatte ihn überhaupt nicht kommen hören, genausowenig wie Wohlberg, Afflegg und Amon. Sie hatten eine Kiste Bier dabei, frisch aus dem Kühlfach und setzen sich unaufgefordert zu ihm hinzu.

Li Cabrio nahm die ihm dargebotene Flasche und trank sie in einem Zug leer. Da er bereits seit Stunden auf seinem Posten saß und kaum etwas gegessen hatte, entfaltete der Alkohol schnell seine Wirkung. Das war es, was er wollte und er leerte gleich die nächste Flasche obendrauf, sehr zur Erheiterung seiner Trinkgenossen. „Hey, hey, mach mal langsam! Du willst doch nicht ohnmächtig werden, oder?" grinste Amon.

Li Cabrio starrte ihn ohne einen Funken Humor an, während er den Kopf langsam hob und sinken ließ, hob und wieder sinken ließ. Dann griff er nach der dritten Flasche, köpfte sie und trank den Gerstensaft in einem Zug leer.

Das war zuviel. In nicht einmal zwei Minuten eineinhalb Liter deutschen Bieres auf nüchternen Magen hielten selbst erfahrene Kampftrinker nur schwer aus. Li Cabrio jedenfalls plumpste wie ein nasser Sack in den Sand und wusste von nichts mehr.

Das Lachen blieb den anderen im Halse stecken. Sie wussten alle, welches Statement Li Cabrio gerade eben abgegeben hatte.

„Ach du Scheiße! Er will es durchziehen!" sagte Wohlberg, etwas blass um die Nase.

Tarrenteeno nickte bedächtig. „Yep."

„Na so was!" Afflegg wusste nicht, wie ihm zu Mute sein sollte.

III

Sie hatten einen Pakt geschlossen. Li Cabrio hatte niemanden gefragt, war eher davon ausgegangen, die Aktion alleine durchzurühren. Doch es gab immer jemanden, der sich anstecken ließ. Der sich genausowenig von Zweiflern verunsichern ließ, die immer anmerkten, sobald das Thema auf den Tisch kam, das Elvis tot sei, genauso wie Jim Morrison, Keith Moon, Jimi Hendrix, John Lennon, George Harrison und wie sie alle hießen. Tot, kaputt, weg vom Fenster, ständige Beobachter der Radieschen von unten.

Und sei es nur, um die Verrückten von ihrem Vorhaben abzuhalten.

Es funktionierte bei den meisten. Den Vernünftigen, Etablierten, den wenig Draufgängerischen.

Zu denen gehörten weder Li Cabrio, noch Afflegg, noch Tarrenteeno, noch Amon, oder Wohlberg. Genausowenig wie Groony, doch der war mal wieder abwesend, und Pilts, der aus bekannten Gründen nicht mitmachen konnte.

Genau aus diesen Gründen hatten sie einen Pakt geschlossen. Sie wollten die Insel gemeinsam erobern, oder aber dabei untergehen. Entweder - oder.

IV

Schtiller und Horton kamen zu spät. Bis sie mit ihren Tauchausrüstungen am Strand auftauchten, lag Li Cabrio schon bewusstlos im Sand, umringt von seinen Freunden. Die beiden bildeten eine Gruppe für sich. Sie waren weder das eine, noch das andere richtig. Sollte heißen- sie waren einen Tick zu verrückt für die „Normalen" und einen Tick zu normal für die „Verrückten".

Speziell Afflegg und Wohlberg hatten immer wieder darauf gedrängt, sie doch in den inneren Kreis aufzunehmen, waren aber beim Rest ständig auf Ablehnung gestoßen. Warum und weshalb genau ließ sich nie feststellen, jedenfalls blieben sie außen vor.

11

„Was habt ihr mit ihm gemacht?" rief Horton empört und stürmte auf Li Cabrio zu.

„Vor fünf Minuten saß er einfach nur friedlich da, und schaut ihn euch jetzt an!" Schtillers Blick fiel auf die angebrochene Bierkiste. „Ihr seid euch aber auch für nichts zu schade! Echt, wie alt seid ihr eigentlich? Sechzehn oder was? Einen Mann einfach so abzufüllen! Eine Schande ist das!"

Tarrenteeno griff in die Kiste und holte zwei Flaschen hervor. „Hier, wollt ihr auch eines?"

Schtiller und Horton setzten sich grummelnd nieder. Tauchen wollten sie jetzt nicht mehr. Nicht ohne Li Cabrio. Sie hätten es ihm zuliebe getan. Jetzt aber, da er ohnmächtig vor ihnen lag, tranken sie eben auf sein Wohl. „Auf dein schreckliches Kopfweh, das du ganz sicher haben wirst!" toastete Horton.

V

Ja, das Kopfweh beim Erwachen war die Hölle. Dafür war der traumlose Schlaf vorher ein riesiger Segen gewesen. Alkohol, Pillen- alles war Li Cabrio recht, um *ihn* nicht zu sehen.

Wie wenig die anderen doch wussten! Selbst seine Freunde glaubten, dass ihn nur ein verrückter Tick auf die mysteriöse Insel lockte oder vielleicht die Sehnsucht, der Langeweile zu entkommen, die dann und wann von ihnen Besitz ergriff. Das spielte sicherlich auch eine Rolle, das wollte er ja gar nicht leugnen.

Natürlich wollte er *ihn* sehen, keine Frage. Und sei es nur, um festzustellen, ob er in

Wirklichkeit genauso aussah wie in den Träumen, in denen Elvis ihn regelmäßig heimsuchte.

Sie wirkten jedenfalls sehr realistisch, und es schien Li Cabrio, dass er genauso aussehen müsste, wenn er denn noch am Leben war.

Anfangs hatte er sich noch gefragt, warum ihn der „King" so häufig in seinen Träumen besuchen sollte. „Es ist, als wollte er mich locken!" hatte er eines Tages gedacht, sich selbst aber nicht so recht ernst genommen.

Jedenfalls umgab ihn etwas Finsteres. Etwas, das Li Cabrio nicht verstand. So hatte er ihn nicht in Erinnerung. Gold, Glitzerwelt, Helligkeit, jubelnde, strahlende Fans. Das alles passte nicht zu diesem Düsteren, das ihn zu umgeben schien. Das machte die Träume nicht sehr angenehm und deshalb war er froh um jede traumlose Nacht.

„Wenn er dir Angst macht, weshalb möchtest du ihn dann besuchen?" Anfangs hatte er keine Antwort auf diese Frage.

Doch eines Tages, nachdem die Postkarte gekommen war, verstand er die Zusammenhänge und dass es nicht Elvis war, der ihn locken wollte, sondern *sie*. Sie war der einzige Grund, weshalb er so sturköpfig darauf beharrte, das Unternehmen durchzuziehen.

Wie wenig die anderen doch wussten. Das heißt, die „Eingeweihten" wussten für seine Begriffe sehr viel- nur dieses eine Geheimnis hütete er vor ihnen wie sein Augapfel und nahm dafür in Kauf, dass ihn die anderen für exzentrisch hielten.

VI

Die Eingeweihten warteten schon am vereinbarten Treffpunkt. Dass sich etwas Grundlegendes geändert hatte, machte sich an der fehlenden Häme bemerkbar. Keiner der anderen machte einen der sonst nach üblen Saufgelagen üblichen Sprüche. Keiner johlte. Es gab keine Witze. Überhaupt schauten sie alle so ernst drein, als stünden sie an einem Grab während einer Beerdigung.

„Wenn´s dumm läuft, werden wir bald unsere eigene erleben!" dachte Li Cabrio und war sich nicht sicher, ob es nur ein makabrer Gedanke war oder aber eine realistische Befürchtung.

Jedenfalls hatte er genug von der Warterei. Aus diesem Grund hatte er ihnen am Tag zuvor das Signal gegeben.

„Es geht also los!" sagte Wohlberg.

Li Cabrios Nicken war kaum mehr als eine leichte Kopfbewegung, aber unmissverständlich.

„Wow!" hauchte Tarrenteeno ins seiner ihm typischen Art. „Wow!"

„Du hast also eine Möglichkeit gefunden, auf die Insel zu kommen." sagte Amon, die Stirn in tiefe Falten gelegt.

„Sonst hätte ich das Signal nicht gegeben." bestätigte Li Cabrio.

„Die Alten sind höllisch auf der Hut."

„Das weiß ich, Ben. Erst vorgestern haben sie mich wieder vorgeladen."

14

„Und du hast ihnen hoch und heilig versprochen, nicht auf die Insel zu fahren!" merkte Amon an.

„Natürlich!"

„Aber sie glauben dir nicht, oder?" hakte Tarrenteeno nach.

„Natürlich nicht."

„Aber dann..."

„Ich habe euch doch versprochen, nur mit einem wasserdichten Plan auf die Insel zu fahren! Das wisst ihr doch noch, oder?" unterbrach Li Cabrio Wohlberg unwirsch.

„Das hast du!" bestätigte Amon.

„Ich habe lange darüber nachgedacht und bin zu keiner anderen Lösung gekommen, als Schtiller und Horton mitzunehmen."

Dieses Statement wirkte wie eine Bombe. Längere Zeit sagte keiner etwas. Alle starrten Li Cabrio an, als hätte der ihnen eine eisige Dusche verpasst.

Oder, wie Tarrenteeno schließlich sagte, der als Erster die Stille unterbrach: „Mann, da hast du uns einen sauberen Einlauf verpasst!" Dann packte er den „Titonnic" Star lachend und zerzauste seine Haare mit den Worten: „Du Hund hast uns echt einen schönen Schrecken eingejagt. Der war wirklich gut, das muss man dir lassen!"

Erleichtert ließen sich die anderen in den Sand plumpsen und folgten dem Schauspiel, das nach wenigen Augenblicken damit endete, dass Tarrenteeno in den Sand auf den Rücken fiel und sich herzlich über Li Cabrios gelungenen Scherz amüsierte. „Das muss der Neid dir lassen- für ein paar Sekunden hattest du mich davon überzeugt, dass du es ernst meinst."

„Immer diese Scheiß Schauspieler!" rief Amon unter dem Gejohle der anderen.

„Schtiller und Horton! Also echt!" sagte Wohlberg zu Afflegg, der kopfschüttelnd lachte. „Warum nicht gleich Steelberg, Shanks und Rodriguess?"

„He, Robert würde sicher mitkommen, wenn ihn seine Position nicht daran hinderte!" rief Tarrenteeno, zum wiederholten Male erleichtert, dass er den ihm angebotenen Posten im Triumvirat nicht angenommen hatte. „Der nimmt dir doch allen Spaß!" sagte er allen, die es wissen wollten oder auch nicht.

Li Cabrio ließ sie noch ein paar Augenblicke gewähren, ehe er die gute Stimmung zunichte machte. „Das war mein voller Ernst!"

Sind sie schon mal als Nackter in ein Picknick von Feministinnen gesprintet oder aber mit den Worten „Euch knall ich aus dem Himmel!" in eine Halle voller Yogis gesprungen, die von sich behaupten, sie könnten fliegen?

Li Cabrio´s Worte hatten genau diesen Effekt.

Tarrenteeno stand auf, wie von der Tarantel gestochen, aller Humor auf einen Schlag aus seinem Gesicht verschwunden.

Das Lachen erfror auf den Gesichtern von Afflegg und Wohlberg, und Amon sah aus, als hätte er zu viele Burritos gegessen.

„Bist du noch zu retten?" rief Tarrenteeno aufgebracht, das Gesicht tiefrot.

„Ja, Mann, was denkst du dir dabei, die beiden mitnehmen zu wollen?" fragte Amon kopfschüttelnd, fassungslos.

Li Cabrio lächelte nur. Er hatte mit diesen Reaktionen gerechnet. „Denkt doch nur einmal für ein paar Augenblicke nach." sagte er und schaute jedem in die Augen. Die Blicke reichten von Skepsis bis hin zu offener Feindseligkeit.

„Ja und, weiter!" sagte Tarrenteeno, der der Ungeduldigste war von allen.

„Sie werden uns nicht zusammen fahren lassen, es sei denn mit der perfekten Tarnung."

„Schtiller und Horton."

„Richtig, Mark. Schtiller und Horton."

„Ah, ich sehe! Du gehst zu ihnen hin, sagst: „Ey, hallo! Ich möchte euch übrigens gerne auf den Trip zur Presley Insel mitnehmen. Na, ist das eine gelungene Überraschung?" Und die beiden werden sich freuen, auserwählt zu sein und Steelberg und dem Rest nichts sagen. Guter Plan!"

„Du sagst es, Quentin."

„Das kommt doch überhaupt nicht in Frage, Leo!" Tarrenteenos Augen sprühten beinahe Funken.

„Das denke ich aber auch!" sagte Amon.

„Es geht nicht anders, glaubt es mir ruhig! Ihr könnt getrost davon ausgehen, dass ich alle Möglichkeiten durchdacht habe."

„Und du bist zu dem Schluss gekommen, dass es ohne Schtiller und Horton nicht geht."

„Ganz genau. Mit ihnen an Bord wird keiner auf die Idee kommen, dass wir zur Elvis Insel wollen."

Tarrenteeno öffnete den Mund, doch Amon kam ihm zuvor. „Das stimmt allerdings. Das ist schon gut überlegt. Trotzdem..."

„Trotzdem habe ich keine Lust auf einen Trip mit denen!" sagte Tarrenteeno. „Echt, wir hatten uns doch die ganze Zeit darauf geeinigt, sie nicht in unseren inneren Kreis aufzunehmen. Es kann doch nichts werden, mit uns allen an Bord!"

„Mal abgesehen davon, dass sie gar nicht erst mitfahren wollen." sagte Wohlberg.

Tarrenteeno starrte ihn zunächst ungläubig an, dann erhellte sich sein Gesicht. „Ja, genau! Du wirst sie nie dazu überreden können, mitzufahren. Also musst du dir was anderes überlegen!"

Li Cabrio machte seine Hoffnung sofort zunichte. „Nein, das muss ich nicht."

„Er steckt doch voller Überraschungen heute!" dachte Amon und sagte dann laut: „Du hast sie schon gefragt. Und sie haben „Ja" gesagt. Du alter Hund, du!"

„Nein, das habe ich nicht." erklärte Li Cabrio lächelnd.

„Nicht?" hakte Afflegg mit hochgezogener Augenbraue nach.

„Ach kommt schon, denkt doch für ein paar Sekunden mit! Natürlich werden sie nicht mitgehen wollen. Das haben sie in der Vergangenheit oft genug betont! Und sie würden alles dafür tun, den Trip zu verhindern. Also kann ich es ihnen nicht sagen!"

„Ich fürchte, du hast mich verloren!" sagte Afflegg.

„Es ist ganz einfach. Sie werden nichts von dem Trip erfahren, sondern davon ausgehen, dass wir den Teufelsfelsen betauchen."

Kurzes Schweigen. Dann: „Ach, und das werden sie dir abkaufen? Ich meine, mit uns allen an Bord?"

„Ja, Matt, das werden sie."

„Ach komm schon! So naiv kann niemand sein! Sie wissen doch, wie geil wir alle darauf sind, die Insel zu suchen!"

„Nein, Quentin. Sie gehen davon aus, dass ihr inzwischen zur Vernunft gekommen seid."

Kurze Stille. Dann ungläubiges Gelächter.

„Du alter Saukerl! Das bringst du nicht!" sagte Tarrenteeno.

„Genau! Du kannst sie vielleicht davon überzeugen, dass Donnie, Ben und ich zur Vernunft gekommen sind, aber niemals Quentin! Das kaufen sie dir nie ab!"

Li Cabrio's Lächeln war das eines geduldigen Großmeisters, dessen Schüler sich etwas schwer taten mit den Übungen. Er wandte sich Tarrenteeno zu, die Hände vor dem Mund aneinandergelegt; nach einer kurzen Pause fuhr er fort. „Wie oft hast du schon davon gesprochen, deinen nächsten Film nur an dem Teufelsfelsen spielen zu lassen? Du weißt schon, ohne Spezialeffekte, nur mit den Fischen, die dort herum schwimmen?"

„Oft. Oft. Oh ja. Ich warte jeden Tag auf die Spezialkamera. Ah, wenn ich die erst habe, kann es los gehen. Gleich die erste Szene wird ein Kracher, das kann ich euch versprechen." Er hob die Hände vors Gesicht, als würde er durch die Linse einer Kamera schauen. „Eine Nixe- Sie! – schwimmt nackt durchs Bild. Die Kamera..."

„Vergiss es. Du wirst Uma niemals dazu bringen, nackt am Teufelsfelsen zu schwimmen!" sagte Amon.

Tarrenteeno machte aber weiter, als ob nichts gewesen wäre. „Die Kamera folgt jeder ihrer Bewegungen." Er bewegte sich mit „seiner" unsichtbaren Kamera, als würde er im Moment tatsächlich filmen.

„Und dann- BAMM! Kommt von unten ein..."

„Megalodon." warf Afflegg lächelnd ein.

„Ja, richtig, Kommt ein Megalodon. Na, ist das ein vielversprechender Anfang?"

„Hoffst du eigentlich immer noch, dass Elvis´ Insel von einem Megalodon bewacht wird?" fragte Wohlberg, anstatt zu antworten. Eine Antwort war überflüssig, da Tarrenteeno die von ihm erwähnte Szene schon unzählige Male vorgestellt hatte- eine Tatsache, die er immer wieder zu vergessen schien.

„Hoffen? Hoffen! Mann, Donnie. Jedermann weiß, dass er sie bewacht! Das muss dir doch klar sein! Es ist schließlich SEINE Insel! Sie kann nur von dem bewacht werden, der ihrer würdig ist. Und das ist nun mal ein Megalodon!"

Keiner der anderen wies ihn darauf hin, dass besagter Megalodon, ein mehr als fünfzehn Meter langer Weißer Hai, bereits seit ein paar Millionen Jahren ausgestorben war. Sie hatten längst gelernt, dass sie ihn nicht davon überzeugen konnten. Tarrenteeno hielt am Glauben an diesen besonderen Wächter fest, wie ein kleines Kind am Weihnachtsmann oder Osterhasen.

„Ich glaube nicht, dass ich noch etwas dazu sagen muss!" erklärte Li Cabrio.

Es bestanden schon noch ein paar Zweifel bei dem einen oder anderen, aber die Diskussion war fürs erste beendet. Es gab keinen Grund mehr, an Li Cabrios guter Planung zu zweifeln. Doch die Details, die mussten schon noch geklärt werden.

„Also *ich* bin gespannt, wen du als Kapitän gefunden hast." sagte Wohlberg.

Li Cabrios Lächeln verriet, dass er sich spitzbübisch freute und seine Worte verstärkten diesen Eindruck. „Das werdet ihr niemals erraten! Nicht in tausend Jahren!"

„Was denn- Steelberg? Shanks? Lisa Marie Presley?" hakte Tarrenteeno nach.

„Ihr werdet es gleich sehen. Kommt nur mit."

XII

Die Überraschung war ihm gelungen. Sie standen alle mit weit offenem Mund da, als hätten sie entweder das Monster von Loch Ness gesehen oder Bigfoot oder einen gelungenen Film von Ed Wood.

Er bedauerte zutiefst, seine Kamera vergessen zu haben. Dabei hatte er genau diese Reaktion vorhergesehen und sich im Vorfeld fest vorgenommen, sie zu dokumentieren.

21

„Du alter Gauner!" Es war wieder einmal Tarrenteeno, der sich als erster fing. „Ich hätte niemals gedacht, dass du das bringst!" Li Cabrio verbeugte sich. „Es gibt doch nichts Schöneres, als euch zu überraschen!" „Das ist doch keine Überraschung! Das ist...Wow! Das ist..." Afflegg´s Suche nach Superlativen blieb erfolglos.

„Das ist nicht mehr zu toppen!" schloss Amon ab.

„In der Tat. Das kannst du nicht mehr überbieten!" erklärte Wohlberg.

„Das kann er schon, meine Herren. Das kann er schon. Warten sie ab, bis sie erst auf der Insel sind." erklärte die Überraschung.

„Das Boot ist startklar?" fragte Li Cabrio.

„*Si, hombre.* Wir könnten sofort aufbrechen. Einzig die Route bereitet mir noch etwas Kopfzerbrechen, aber auch das wird bis morgen früh geklärt sein."

„Lass dir ruhig Zeit. Wir werden erst übermorgen starten."

„Alles klar. Uhrzeit?"

„Vier Uhr. Morgens."

„Gut gewählt."

XIII

Das geklärt, führte Li Cabrio sein „Team" zurück. Am Ort angekommen zerstreuten sie sich in alle Richtungen, um ihre Sachen zu packen und sich auf den Trip vorzubereiten. Ihnen blieben etwas mehr als vierzig Stunden, denn Li Cabrio hielt es für klug, sich nicht mehr vorher zu treffen. Das Triumvirat sollte keinen Grund haben, sich zu sehr für ihre Aktivitäten zu interessieren, genauso wie Schtiller und Horton keinen Verdacht über die wahren Hintergründe des Trips schöpfen sollten.

Deshalb ließ er ein paar Stunden vergehen, ehe er die beiden aufsuchte und sie wissen, dass er in der Zeit allein geblieben war. Sie saßen, wie konnte es anders sein, bei Schtiller auf der Terrasse und tranken ihren –alkoholfreien- „Sex on the Beach". Sie waren als Einzige auf der ganzen Insel von dem Geschmack überzeugt und ließen nicht gelten, dass das Wichtigste ohne den Alkohol fehlte.

Li Cabrio tat wenigstens so, als schmeckte ihm dieses Gemisch, und weil er ein begnadeter Schauspieler war, bemerkten sie seine Abscheu vor diesem missratenen Cocktail nicht.

Wie auch immer. Bei Schtiller und Horton entfaltete er immer seine Wirkung, als ob sie den nicht vorhandenen Alkohol spürten, so dass sie nach ein paar Gläsern wie leicht angetrunken wirkten.

Li Cabrio nahm sich die Zeit und schlürfte selbst drei Stück des Gesöffs hinunter, ehe er mit seinem Anliegen herausrückte. „Hättet ihr Lust, mich auf meinem Tauchgang am Teufelsfelsen zu begleiten?"

„Du willst zum Teufelsfelsen? Ist es denn wahr?" fragte Schtiller nach einer kleinen Pause, perplex. Sie hatten ihn schon oft zu einem Tauchgang an diesem berüchtigten Unterwassersteilhang überreden wollen, aber immer ohne Erfolg. Li Cabrio war nie dazu bereit gewesen, hatte aber immerhin davon gesprochen, es eines Tages vielleicht doch noch einmal versuchen zu wollen.

Horton strahlte über alle Backen und war so überwältigt vor Freude, dass er ihn in eine feste Umarmung nahm und nicht mehr loslassen wollte. Bis Schtiller ihn zurechtwies.

„Hey du Schraubzwinge, wenn du ihn nicht bald mal los lässt, wird er in einem Rollstuhl tauchen müssen!"

„Es ist einfach...einfach so schön, dass du dich deinen Dämonen stellen möchtest. Du wirst sehen, es wird dir gut tun, befreiend auf deine Seele wirken." sagte Horton, mit etwas feuchten Augen.

Li Cabrios Lächeln wirkte überhaupt nicht aufgesetzt, obwohl es das eigentlich war. „Ich hoffe es doch, mein Freund. Das hoffe ich doch sehr!"

„Wann soll es denn losgehen?" hakte Schtiller nach, während er drei neue Cocktails mixte.

„Danke, für mich bitte keinen mehr. Ich habe genug getrunken!" protestierte Li Cabrio.

Woraufhin Schtiller spitzbübisch lächelte. „Ach weißt du, das muss doch gefeiert werden." Er hob eine Flasche ins Licht, so dass die beiden das Etikett lesen konnten. „Zur Feier der Stunde ein „Sex on the Beach" mit Alkohol. Das muss doch jetzt sein!"

„Aber hallo!" strahlte Horton mit Li Cabrio um die Wette, der versuchte, sich tunlichst nicht anmerken zu lassen, wie sehr er sich über seine gelungene List freute. „Es müsste doch mit dem Teufel zugehen, wenn uns jetzt noch etwas aufhalten sollte!" dachte er, während er den ersten Cocktail an diesem Abend genoss.

IX

Shanks hatte einen dieser seltsamen Träume, die ihn dann und wann plagten und die in seinem Bewusstsein verankert blieben, obwohl er sie lieber vergessen mochte.

„Das ist Gottes Rache dafür, dass du seiner Kirche ständig irgendwelche wohlgehüteten Geheimnisse entreißt!" Rodriguess fiel nichts Besseres ein als diese Kommentare, über die Steelberg sich jedes Mal aufs Neue amüsieren konnte.

„Wer solche Mitstreiter hat, braucht keine Feinde mehr!" sagte seine Frau, aber mehr im Spaß, denn sie fand Rodriguess´ Spruch ebenfalls lustig, obwohl sie das ihrem Mann niemals offen zeigen würde.

„Von dem hier werdet ihr nicht erfahren!" schwor sich Shanks und starrte die Wand an, während er den Traum Revue passieren ließ.

In jedem seiner bizarren Träume war er unterwegs gewesen, dem Vatikan wohlgehütete und schwer bewachte Geheimnisse zu entreißen. Niemals zuvor allerdings als Elvis Presley, in Glitzeranzug und Sonnenbrille.

Und das sein Hauptkontrahent ausgerechnet Jim Morrison in Kirchenkleidern sein sollte, brachte Shanks völlig aus der Fassung.

Der durchbohrte ihn mit seinen Blicken, während er unaufhörlich „This is the End!"

sang. Begleitet von Jimi Hendrix, dessen Gitarre brannte und Keith Moon, der wie blöde auf zwei Sahnetorten einschlug.

Es war ja so nervtötend, vor allem weil die Szene kein Ende nahm! Shanks wollte Morrison anbrüllen, doch endlich mit diesem Scheiß „This is the End" aufzuhören, doch sein Mund ließ sich nicht öffnen und seine Beine, wie mochte es auch anders sein, waren wie festgeklebt!

Shanks wurde den Verdacht nicht los, dass es Morrison erheblichen Spaß machte, ihn zu ärgern. ThisistheEndThisistheEndThisistheEndThisistheEndThisistheEnd...

Hendrix´ Gitarre jaulte, Moons Sahnetortenschlagzeug vibrierte, Morrison grinste. „Du bist in der Hölle!" dachte Shanks, plötzlich gewahr, dass etwas aus seinen Ohren floss. Seine Finger kamen rot zurück. Kaum verstand er, dass es sein Blut war, da schoss es in Strömen aus seinen Ohren heraus, füllte den Raum, der auf einmal so klein wirkte. Bis zu den Knöcheln, den Knien, der Hüfte, der Brust...und endlich, als es seine Unterlippe erreicht hatte, tat sich sein Mund auf und er schrie, schrie aus Leibeskräften, doch niemand hörte ihn, denn Morrison hatte zu lachen begonnen. Und sein Lachen war ja so viel lauter! Es übertönte ihn locker, und es war kein Wunder, Morrisons Mund war unglaublich groß und er wuchs, wuchs, verdränge Hendrix und Moon, verdrängte das Blut, kam näher...näher... bald sah Shanks in ihn hinein, sah die Dunkelheit, so absolut, so völlig, so...

Er war ja so froh darum, alleine im Haus zu sein. Sein Schrei beim Aufwachen aus diesem bizarren Traum hätte Tote geweckt. Wäre seine Frau anwesend gewesen und eben nicht in der Antarktis, um...ja, was machte sie da eigentlich genau? Egal, wäre sie da gewesen, hätte er ihr erklären müssen, weshalb er so geschrieen hatte. Ah, sie hätte bereits gewusst, dass es einer dieser bizarren Träume war und ihn so lange genervt, bis er alles preisgegeben hätte.

Genau das wollte er aber nicht. Keiner sollte je wieder erfahren, welche Träume ihn plagten! Sie lachten ihn ja doch nur aus und vor allem Rodriguess würden ganz sicher die passenden Kommentare einfallen, über die Steelberg so herzhaft lachen konnte.

„E.T. und diese Vampire aus „From Dusk Till Dawn" sollen euch holen!"

Wütend stand er auf, lief barfuss in die Küche und goss sich ein Riesenglas Tequilla ein. „In meinem Alter sollte man nicht so viel saufen!" ermahnte er sich selbst, nur um sich die passende Antwort zu geben. „In meinem Alter sollte man auch keine derartig beschissenen Träume haben!"

Der erste Schluck wollte ihm nicht so recht schmecken, doch zum Ende des Glases hin wurde es besser. Das lag vor allem an dem Wissen, dass der Alkohol Träume verhinderte. Nichts konnte Shanks in dieser Nacht mehr gebrauchen, als vollkommene Bewusstlosigkeit, ohne weitere Streiche des Unterbewusstseins.

Beruhigter ging er zurück ins Schlafzimmer, löschte das Licht und spürte schon bald den Schlaf ankommen. Ehe er in die süße Bewusstlosigkeit hinüberglitt, dachte er noch an Li Cabrio. „Du und dein dummes Geschwätz von dieser Insel! Also echt, *ich* als Elvis Presley. Da hört doch alles auf! *Bruce* soll dich zwischen seine Zähne bekommen!" Dann wusste er von nichts mehr.

X

Das Aufwachen war ja so schlimm gewesen! Das Licht war zu grell, der Tag bereits zu heiß, sein Kopf zu schwer, der Geschmack im Mund, als habe er nicht nur zwischen den Mülltonnen geschlafen, sondern auch aus ihnen gegessen. Er fühlte sich wie ausgekotzt und zum Trocknen liegen gelassen. „Lasst mich sterben!" dachte er, während er die Übelkeit bekämpfte.

Der Tag konnte nur noch besser werden. Dachte er und irrte sich. Zunächst wurde er schlimmer und nicht besser und das lag an dem Gesicht, in das er starrte, nachdem er endlich die Augen öffnen konnte.

„Oh verdammt, der Müllmann!" dachte er und wollte die Augen am liebsten gleich wieder schließen. Für ihn gab es keine demütigendere Situation, als zwischen den Mülltonnen von dem Müllmann der Insel gefunden zu werden.

„Na, war wohl eine wilde Nacht!" sagte der grinsend, während er die erste der Tonnen nahm und in seinen Lastwagen kippte.

„Ging so!" konterte Li Cabrio.

„Ging so!" äffte Villies ihn nach, stellte die geleerte Tonne zurück, wollte die nächste nehmen, hielt aber dann nachdenklich inne. „Du solltest etwas vorsichtiger sein! Du warst nicht zu überhören letzte Nacht!"

Er packte Li Cabrio und zog ihn auf die Beine. Dem wurde sofort wieder schwummrig vor Augen, so dass er sich bücken musste. Villies ging in die Knie, um ihm ins Gesicht sehen zu können. „Jeder, der dich gehört hat, weiß jetzt Bescheid! Das solltest du wissen!"

Li Cabrio war's zunächst völlig egal. Er hatte genug damit zu tun, den Schwindelanfall zu bekämpfen. Das dauerte seine Zeit; als er wieder aufrecht stehen konnte, hatte Villies die Tonnen geleert und stand mit seinem ihm typischen leicht schmunzelnden Grinsen am Mülllaster. „Dass du`s weißt- ich werde mitkommen."

„Was?"

„Du wirst mich mitnehmen auf den Trip."

„Ich bestimme immer noch, wen ich mitnehme und wen nicht! Du hast doch sicherlich genug damit zu tun, den Müll der Insel zu entsorgen!"

„Ach was, für ein paar Tage kann ich Müll Müll sein lassen! So schnell versinkt die Insel nicht in ihrem Abfall. Nicht mit dem geballten Umweltbewusstsein."

„Sei's drum- du kommst nicht mit. Ich habe nur ein kleines Boot, nicht die Titanic."

„Um so besser, dann wird es auch nicht untergehen."

„Hey, mir geht`s wirklich nicht gut, wenn du mich also bitte schön verschonen würdest, ja? Lass mich einfach in Ruhe und akzeptiere meine Entscheidung, okay?"

Villies trat auf ihn zu und kam ihm so nahe, dass sein Gesicht nur wenige Zentimeter entfernt war. „Nein, ich akzeptiere deine Entscheidung nicht. Wie gesagt, du warst nicht zu überhören letzte Nacht. Und weißt du, die „Scenic Street" muss ich erst noch bedienen. Was hältst du davon, wenn ich auf ein kurzes Schwätzchen bei Steelberg reinschaue? Ich meine, er lädt mich sowieso immer auf ein Tässchen Kaffee ein. Ich habe eben einen Stein im Brett beim Triumvirat." Er zuckte grinsend mit den Schultern. „Sie sind mir ja so dankbar, dass ich die Müllentsorgung übernommen habe! Wo es doch sonst keiner machen wollte. Du verstehst jetzt, denke ich doch?"

O ja, Li Cabrio verstand. „Glaub aber nicht, dass ich dich je wieder mit Respekt ansehen werde!"

Villies klopfte ihm auf die Schultern, ging mit diesem zufriedenen Grinsen zu seinem Laster, stieg ein, und rief, ehe er losfuhr: „Ich bin der Müllmann, weißt du? Ich bin es gewohnt, kein Ansehen zu haben."

Li Cabrio sah ihm hinterher, bis er außer Sichtweite war, mit einem Gemisch aus kalter Wut und tiefster Scham im Bauch. Die Wut war einerseits gegen Villies gerichtet, andererseits aber auch gegen sich selbst. „Du Depp hast dich gehen lassen und jetzt sieh, was dabei herausgekommen ist!"

murmelte er und trat so hart gegen die Müll-
tonne, dass sie mit einem lauten „Bang"
gegen die Wand krachte.

Wie viele „Sex on the Beach" waren das
wohl gewesen? Drei, vier, fünf, oder vielleicht sogar mehr?

Egal, wie viele es gewesen waren, er hatte
sich gehen lassen und deshalb Bockmist
gebaut. Die anderen durften nichts davon
erfahren, es genügte, dass er ihnen irgendwie zu erklären hatte, warum sie plötzlich
Villies auch noch mit an Bord hatten. Und
wenn's dumm lief, hatte er noch mehr un-
gewollte Personen an Bord zu erklären. Ihm
wurde schon wieder richtig schlecht. „Du bist
doch ein riesiger Esel!" schalt er sich selbst.

Plötzlich fiel ein Schatten auf ihn und er fuhr
erschrocken herum. Im ersten Moment
dachte er schon, womöglich den nächsten
Erpresser im Rücken zu haben. Aber dann
schaute er erleichtert in Geena Davvies´
Gesicht.

„Na, träumst du?"

Li Cabrio brauchte ein paar Momente, sich
zu sammeln. Dann erst konnte er antworten.

„Nein, nicht direkt. Schön, dich zu sehen.
Hast du..."

„Die Route berechnet? Jaaa, aber das sollten wir nicht hier besprechen. Drinnen ist es
doch bestimmt gleich viel angenehm kühler
und du siehst...na ja...hast du etwa zwischen den Mülltonnen geschlafen?"

Li Cabrio zog es vor, nicht darauf zu antworten. Statt dessen führte er Davvies ins Haus,
entschuldigte sich und kam dann nach einer

kurzen aber intensiven Dusche zurück. „Kaffee?"

Davvies nickte. „O ja, du musst wissen, ich habe fast die ganze Nacht an der Route gearbeitet."

„So lange?" hakte Li Cabrio mit hochgezogener Augenbraue nach. „Ich wusste ja, dass es nicht einfach wird, aber so lange..."

„Tja, und ich bin noch nicht einmal davon überzeugt, dass es passen wird."

Wenn ihn diese Bemerkung irritierte, zeigte er es nicht. Eine kurze Unterbrechung seiner Bewegung vielleicht, aber nicht mehr. Er war nicht mehr so leicht zu schocken nach *dem* Start in den Tag. Und hätte er erst geahnt, was ihn an diesem Tag noch alles erwartete, hätte er über Davvies Bemerkung sogar noch lächeln können. So aber hoffte er, dass sie ihn nur etwas necken wollte und er nicht noch zu Magentabletten greifen musste.

X1

„Was ist nur mit dir los?" fragte Steelberg, sichtlich über Shanks´ Verhalten irritiert. Der war ganz offensichtlich nicht bei der Sache, wirkte fahrig, verträumt... Es ging dem Meisterregisseur mächtig auf den Sack, dass er seinen Mitstreiter im Triumvirat ständig mehrfach anzusprechen hatte, um eine Antwort zu erhalten.

„Nichts!" beeilte sich der Angesprochene zu versichern.

„Du siehst aus, als hättest du nicht gut geschlafen." bemerkte Rodriguess cool, während er in aller Ruhe ein Ei pellte.

„Ja, ja, das stimmt schon. Die Hitze macht mir zu schaffen, aber was will man machen?"

Rodriguess zog eine Augenbraue nach oben. „Die Hitze! Na, wer hätte es gedacht!"

„Ja, die Hitze. Es kann nicht jeder so gut schlafen wie du! Es gibt Leute, denen die hohen Temperaturen etwas ausmachen."

„Na ja, es hat auch nicht jeder diese ausgefallenen Träume."

„Darum sollte auch jeder froh sein!" Shanks biss sich auf die Unterlippe. Das alte Wiesel Rodriguess hatte ihn in die Falle gelockt. Es war nicht das, was er gesagt hatte, sondern der Tonfall, der ihn verraten hatte.

„Na, dann rück schon damit raus. Hast du endlich herausgefunden, wo der Papst seine geheimen Biervorräte versteckt?"

„Sehr witzig! Wirklich, du solltest einen Waffenschein für deinen Humor haben!"

„Hört schon auf!" ging Steelberg dazwischen, ehe es zum Wortgefecht kam. Er kannte das zur Genüge. Rodriguess und Shanks schaukelten sich gerne aneinander hoch und er hatte immer als Mittler zu fungieren. Das war eigentlich kein Problem, da sie Respekt vor ihm hatten und auf seine Anweisungen hörten. Doch es ging ihm auch immer wieder gehörig auf die Nerven.

„Tom, wie lange kennen wir uns nun schon?" Steelberg wartete seine Antwort nicht ab, sondern sprach gleich weiter. „Lange genug jedenfalls, dass ich dir ansehe, dass dir etwas auf der Seele brennt.

Möchtest du uns vielleicht sagen, was dich so bedrückt?"

„Wenn du kein Regisseur geworden wärst, hättest du deine Millionen als Psychiater verdient!" dachte Shanks. Und im Gegensatz zu seinem Vorhaben in der Nacht erzählte er den beiden seinen Traum.

„Du als Elvis? Das hätte ich gerne gesehen!" Wie vorhergesehen, lachte sich Rodriguess einen Ast ab.

Steelberg dagegen blieb ausnahmsweise ernst. Er saß einige Minuten nachdenklich schweigend auf seinem Stuhl, gebannt von Shanks und dann auch Rodriguess beobachtet, der sich irgendwann von seinem Lachanfall erholt hatte.

„Ich wundere mich, ob der Traum nicht irgendetwas zu bedeuten hat!" sagte er schließlich.

„Ah, du meinst wegen Elvis und Morrison?" hakte Rodriguess nach.

„Schon. Es ist immerhin das erste Mal, dass sie alle in deinem Traum auftauchten, Tom, dabei spricht Li Cabrio schon seit Jahren davon, seine Insel aufsuchen zu wollen."

„Hm, hm. Du denkst, seine Abreise könnte unmittelbar bevorstehen." sagte Shanks.

„Ja, genau das denke ich." Er hob eine Hand, um Rodriguess aufzuhalten, der zu einer Antwort angesetzt hatte. „Ich weiß, dass er mit Schtiller und Horton zum Teufelsfelsen fahren will. Doch wer sagt, dass sie ihm nicht nur zur Tarnung dienen? Die Möglichkeit ist nicht von der Hand zu weisen."

„Und jetzt willst du den Trip verbieten oder was?"

„Nein, Robert, das könnte ich nur mit klaren Beweisen, dass ihn die Schiffsreise in Wahrheit zu Elvis´ Insel führen soll!"

„Ich verstehe eure Vorbehalte sowieso nicht. Ich meine, du hast nie ausreichend begründet, weshalb er diese Insel nicht aufsuchen darf."

„Ich habe immer betont, dass die Sache viel zu gefährlich sei, und das muss genügen!"

„Finde ich nicht. Ich meine, Kokosnüsse ernten ist gefährlich, man stelle sich nur vor, die Früchte fallen dir auf den Kopf oder du stürzt ab. Schnorcheln ist gefährlich, man könnte einem Hai begegnen. Gefährlich ist Vieles auf der Welt, doch wenn du es nicht näher erläuterst, bleibt es nicht greifbar und dann kannst du keinem einen Vorwurf machen, wenn er die Insel suchen will!"

Steelberg gab Rodriguess unumwunden recht. Er hätte seine Ablehnung tatsächlich näher begründen können, denn er sprach aus Erfahrung. Oh ja, Baby, er wusste, was es bedeutete, auf *seiner* Insel zu sein. Selbst wenn er wollte, würde er das Erlebnis niemals vergessen. Shanks war nicht der Einzige, der von lebhaften Träumen heimgesucht wurde. Es war schon besser geworden, am Anfang waren sie jede Nacht gekommen, mittlerweile aber kam es vor, dass er nur einmal in der Woche schweißgebadet aufwachte. So oder so sorgten sie dafür, dass er niemals vergaß und jeden davon abhielt, die gleiche Dummheit zu begehen wie er selbst. Morrison war ja so deutlich geworden!

Steelberg zog es vor, sein Verbot eben nicht näher zu erläutern. Li Cabrio und seine Clique würde ihn, wenn er es tat, in die Defensive drängen und ihn richtigerweise darauf hinweisen, dass er kein Recht dazu besaß, ihren Trip zu verbieten.

„Vielleicht sollten wir mitfahren." sagte Shanks.

„Du willst ihn überwachen? Geht es irgendwie noch erbärmlicher?"

„Nicht so vorschnell, Robert! Es...wäre keine Überwachung, also, so würde ich es jetzt nicht nennen..." wehrte sich Shanks.

„Ich schon. Und was das betrifft, Li Cabrio und der Rest ganz sicher ebenso."

„Ach, dass du immer alles gleich so negativ sehen musst! Es ist doch eine gute Idee! Ich meine, wann kommen wir schon mal groß fort von hier? Ich habe das Gefühl...ja! Ich sage ja, wir fahren mit! Luftveränderung, genau das ist es, was jetzt dran ist!" Steelberg strahlte bei dem Gedanken übers ganze Gesicht und stand nur wenig später bereits am Gartentor. „Los, kommt ihr beiden. Wir teilen ihm unseren Entschluss mit."

„Ohne mich! Ich will nicht Teil eurer Farce sein!" sagte Rodriguess mürrisch.

„Na gut. Dann bleibst du eben hier. Wer nicht will, hat gehabt. Kommst du, Tom?"

„Sicher!"

Rodriguess sah ihnen kopfschüttelnd nach, bis sie nicht mehr zu sehen waren. „Das sollte man doch nicht für möglich halten! Das die sich nicht schämen!"

Er zog den Cowboyhut über das Gesicht, legte sich genüsslich in die Gartenliege und schloss die Augen. „Sollen doch alle fahren, dann herrscht hier wenigstens mal schöne Ruhe!" dachte er, ehe der Schlaf ihn zu sich holte.

X2

„Hm, das sieht komplex aus!"

„Oh ja, das ist es in der Tat, komplex."

„Kein Wunder, dass du die ganze Nacht daran arbeiten musstest!"

„Andererseits, wäre seine Insel zu leicht auffindbar..."

„...fehlte der Anreiz. Das mag schon sein."

„Es gibt eben so unzählig viele Inseln auf diesem Planeten. Und deshalb musst du dir im Klaren darüber sein, dass wir sie auch nie finden könnten."

Li Cabrio lächelte. „Wie gesagt, all diese Inseln erhöhen den Anreiz."

Davvies verpasste ihm einen neckischen Schlag gegen das Kinn. „Das ist mein Abenteurer! So wird das eine rund..." Davvies sah aus den Augenwinkeln heraus eine Bewegung und starrte dann ungläubig an ihm vorbei in den Garten. „Och, schau mal, wer dich besuchen kommt."

Li Cabrio folgte ihrem Blick und dachte: „Warum bin ich eigentlich nicht überrascht, dass sie mich plötzlich besuchen kommen sollte?" Und er stählte sich für den nächsten Schlag, während er Davvies zur Haustür folgte, denn er glaubte nicht, dass Jollys Besuch Angenehmes für ihn bringen würde.

Manchmal ist es von Vorteil, die richtige Vorahnung zu haben. Auf diese Weise wird der Schock abgefedert, der einen ansonsten mit voller Härte trifft.

„Hallo!" sagte sie, nachdem sie anfangs schon etwas verlegen war.

„Hallo!" grüßten L Cabrio und Davvies zurück.

„Schöner Tag heute, gell?"

„Schon. Und er steckt voller Überraschungen."

„In der Tat!" bestätigte Jolly. Sie räusperte sich und kam dann ohne weitere Umschweife zu ihrem Anliegen. „Ich habe gehört, ihr plant einen Ausflug zum Teufelsfelsen."

„Es spricht sich schnell herum." meinte Davvies, allerdings ohne echte Verwunderung. Die Insel war schließlich nicht besonders groß und Geschichten/Gerüchte hatten sich schon im alten Hollywood immer schnell herum gesprochen.

„Ihr würdet mir einen großen Gefallen tun und ich stünde ewig in eurer Schuld, wenn ihr mich und meine Kindergruppe mitnehmen würdet." Kurze Pause. Dann: „Ach ja, und meinen Brad natürlich auch."

„Ich halte das für keine gute Idee!" beeilte sich Li Cabrio zu sagen. „Das ist kein Ort für Kinder."

„Aber natürlich ist das ein Ort für Kinder!" widersprach Jolly in ihrer süßesten Stimme.

„Oha, sie will ihn um den Finger wickeln." dachte Davvies. „Und das wird sie auch schaffen!" Sie sah es Li Cabrio gleich an, dass der nicht lange standhalten würde.

„Da ist dieses schöne Atoll, mit diesem abgeschlossenen, natürlichen Pool, in dem die Kleinen baden können. Die Schildkrötenbabys schlüpfen gerade. Und man hört immer wieder, die Delfine dort wären handzahm. Ich kenne wirklich kaum ein geeigneteres Ausflugsziel für Kinder!" Ihr Lächeln war dazu geeignet, Eisberge zu schmelzen. Li Cabrio hatte nicht den Hauch einer Chance. Davvies bedauerte ihn beinahe. „Gleich kommt der Todesstoß!" dachte sie, nur mit Mühe ein Schmunzeln unterdrückend.

Jolly nahm Li Cabrio sachte bei den Schultern, drückte ihm einen sanften Kuss auf die Wange mit den Worten: „Wir werden euch nicht stören beim Tauchen. Das verspreche ich. Und die Kinder werden es dir ewig danken."

Natürlich sagte er ihr zu und so verschwand sie mit einem triumphierenden Lächeln, während Li Cabrio begann, diesen Tag zu verfluchen und sein Verlangen wuchs, laut schreiend durch die Straßen der Insel zu rennen.

Es wurde nicht besser, als Shanks und Steelberg auftauchten, ihm zu seiner Entscheidung gratulierten, die Kindergruppe mitzunehmen und dann ihre große Freude ausdrückten, ebenfalls an diesem Ausflug teilzunehmen.

Als sie fort waren, stand „Mord" in seinen Augen zu lesen.

„Ich sperre mich jetzt in den Keller und komme erst wieder morgen früh, kurz vorm Ablegen, zurück nach oben!"

„Vielleicht wird´s nächstes Jahr was mit dem Trip auf die Insel."

„Nächstes Jahr? Das kannst du vergessen! Solange warte ich nicht! Bitte, wenn sie unbedingt alle mit wollen..."

„Hallo, du hast Kinder an Bord!"

„Ja und? Die werden den Ausflug garantiert nie vergessen!"

„Das werden sie auch nicht, wenn sie nur beim Teufelsfelsen waren."

„Geena, du weißt, warum ich eigentlich dort hin will."

„Ja. Ja, ich weiß es. Und ich habe dir immer wieder gesagt, dass ich es für sehr unwahrscheinlich halte, dass du sie dort antreffen wirst."

„Ich muss es aber wissen, ich muss einfach. Diese Ungewissheit bringt mich noch um!"

„Das mag schon sein. Doch wie gesagt, du hast Kinder an Bord. Wenn meine Berechnungen stimmen, wird die Insel nicht weit entfernt vom Teufelsfelsen liegen. Doch das infrage kommende Gebiet ist tückisch. Plötzlich aufkommende Stürme, Unwetter... Ich könnte es nicht mit meinem Gewissen vereinbaren, wenn den Kindern etwas zustieße!"

„Dann werden wir eben mit einem Beiboot weiterfahren."

Davvies´ Augen wurden groß. „In dieses Gebiet? Niemals, das wäre Selbstmord!"

„Was glaubst du wohl, werde ich morgen von den anderen zu hören bekommen? Gut möglich, dass ich den Morgen nicht überlebe!"

„Du! Jetzt übertreib nicht so maßlos!"

„Wirst schon sehen. Mir wird jetzt schon schlecht, wenn ich an Quentins Gesicht denke!"

Davvies sah ihn einige Augenblicke nachdenklich an. Sie wusste genau, dass er recht hatte. Die anderen Verschwörer würden Zeter und Mordio schreien und ihn in allen Sprachen und möglichen Ausdrucksweisen verfluchen. Und natürlich war es nicht seine Schuld, dass plötzlich alle auf die Idee kamen, ihn auf dem Trip zu begleiten.

„Ach, ich und mein weiches Herz!" dachte sie und sagte: „Zwei Tage. Wir werden zwei Tagesreisen weit in dieses Gebiet einfahren. Wenn wir dann das Ziel nicht erreicht haben, kehren wir um!"

Li Cabrio nickte. Die Erleichterung stand deutlich auf seinem Gesicht geschrieben.

Als sich Davvies verabschiedet hatte, saß er einige Zeit lang unentschlossen da. Packen oder im Keller verstecken?

X3

Das Theater wurde längst nicht so heftig, wie von Li Cabrio befürchtet. Der Grund lag darin, dass sie alle „ihre" Passagiere mitbrachten. Tarrenteeno konnte und wollte auch nicht ohne Sturman. Wohlberg brachte aus irgend einem unerfindlichen Grund (Zensiert- Name darf an dieser Stelle aus lizenzrechtlichen Gründen nicht preisgegeben werden), Amon wäre sich schäbig vorgekommen, William Robins nicht eingeladen zu haben, der schon einen großen Anteil an seinem Durchbruch gehabt hatte. Afflegg brachte das Ensemble aus „Dreihundert Zigarren" mit. Es fragten sich alle, wo er die so schnell hergenommen hatte, aber das wollte er nicht verraten.

So wurde der Protest seiner Mitgenossen nur ein sanftes Lüftchen und kein brausender Sturm. Die Kritik bezog sich vor allem auf die Kinder. Seine Mitstreiter waren derselben Ansicht wie Davvies, nämlich dass das Unternehmen zu gefährlich sei und es damit verantwortungslos war, Jollys Kindergarten mitzunehmen.

Li Cabrio ließ die Kritik an sich abprallen, aber nicht, weil er sich im Recht fühlte, weil die anderen schließlich auch jemanden mitgebracht hatten, sondern weil er angesichts des bunten Haufens auf dem Schiff nicht recht wusste, wie er fühlen sollte.

Einerseits war da mächtiger Ärger, nicht einfach schon längst bei Nacht und Nebel alleine losgefahren zu sein. Es wäre ja so viel unkomplizierter gewesen! Allein die Logistik mit so vielen Passagieren an Bord...sie war ein reiner Albtraum geworden!

Und außerdem hatte er noch diesen einen, recht privaten Grund, der ihn auf die Insel trieb und wegen dem er in der Vergangenheit wie besessen an diesem Trip festgehalten hatte, und immer noch festhielt.

Es gab genügend Gründe, weshalb er alleine hätte fahren sollen. Oder zumindest in der reduzierten Form von vier Mitwissern und einem Kapitän.

Dann aber wiederum, wie er so über das vollbesetzte Schiff schaute, schien es ihm irgendwie auch richtig, dass sie ihn alle begleiten sollten. Weil, wenn er ehrlich sich selbst gegenüber war, er auch ein bisschen Angst vor dem Trip hatte. All diese dunklen Träume...es schien ihm, als seien sie nicht unbedingt willkommen auf dieser Insel. Genau aus diesem Grund hatte er lange darüber nachgedacht und genau festgelegt, was er als Erstes sagen wollte. „Der erste Eindruck ist entscheidend!" hieß es doch. Na ja, und wenn sie tatsächlich so unwillkommen sein sollten auf dieser Insel, konnte es nicht schaden, einen guten Eindruck zu machen.

Ach ja, und wenn das nicht half, gab es noch die Kinder. Wer konnte diesen niedlichen Balgen schon widerstehen? Der „King of Rock ´n´ Roll" doch ganz sicher nicht. Morrison... na ja, Ausnahmen gab es immer. Und wenn *sie* da wäre...

„Danke, Mann, das werde ich dir nie vergessen!" Mit den Worten streckte Pilts ihm ein Bier hin und riss ihn aus seinen Gedanken.

„Nichts zu danken!" Sie stießen auf den Trip an.

Nachdem sie beide einen ordentlichen Schluck getrunken hatten, sah Pilts ihn eindringlich an. Es war offensichtlich, dass er etwas sagen wollte, doch scheinbar traute er sich nicht recht. Er wirkte fast etwas scheu und deshalb ahnte Li Cabrio, was sein Gegenüber unausgesprochen ließ.

Als Pilts davon schlenderte, wusste er über das eigentliche Ziel des Trips Bescheid, ohne dass ein weiteres Wort gefallen war. Manchmal genügten Gesten und Mimiken, um alles auszusprechen. Auf diesem vollbesetzten Schiff war diese Form der Kommunikation äußerst sinnvoll, denn neugierige Ohren in Reichweite fanden sich zur Genüge. Pilts hatte so schon genug damit zu tun, seine Freude nicht zu zeigen. Denn so wie es neugierige Ohren gab, gab es auch aufmerksame Augen und insbesondere seine Partnerin würden den Braten sehr schnell riechen, wenn er sich zu auffällig verhielt. „Denk an Fist Club, denk an Fist Club, Fist Club, Fist Club...“

Ah, es half. Aber die Freude, die wollte trotzdem raus, denn Pilts platzte beinahe vor Glück, nun doch auf dem heißersehntem Trip zur Elvisinsel dabei zu sein. Wenn er daran dachte, dass es praktisch mit der Erlaubnis Angelinas und auf ihr Wirken hin geschah...es war einfach zuviel des Guten!

Na wie gut, dass Horton, sein Filmpartner aus Fist Club, ebenfalls an Bord war. Der sträubte sich zwar, einzelne Szenen nachzuspielen, aber Pilts ließ einfach nicht locker, so dass er schließlich nachgab.

Es bildete sich recht schnell ein interessierter Kreis, der das Geschehen unbedingt verfolgen wollte, doch da griff Jolly ein. „Denkt doch an die Kinder!“ mahnte sie.

44

„Was denkt ihr eigentlich, was für Vorbilder ihr ihnen seid?"

Das Spektakel hätte beinahe sein Ende gefunden, bevor es überhaupt erst angefangen hatte, aber da griff Tarrenteeno ein. „Was haltet ihr davon, wenn euch der liebe Onkel Quentin eine Geschichte erzählt?" fragte er die Kinder.

Die waren sofort begeistert, ganz im Gegensatz zu Jolly, die Dunkles ahnte. Der Regisseur setzte sein überzeugendstes Lächeln ein. „Keine Angst, ich kann fast vierzig Märchen auswendig." sagte er und tippte sich an die Stirn.

„Aha, und von welchen Märchen sprechen wir hier?"

„Hänsel und Gretel, Schneewittchen, A-schenputtel..."

„Hänsel und Gretel, Hänsel und Gretel, Hänsel und Gretel..." forderten die Kinder lautstark und ausdauernd.

Jolly war nicht überzeugt, ganz und gar nicht und deshalb begleitete sie die Schar nach unten. „Keine Monster, keine Killer, kein blutrünstiges Ende! Außer der verbrannten Hexe natürlich!" zischte sie Tarrenteeno ins Ohr.

Der begann mit der Geschichte, so wie es sich gehörte, zu der Begleitung von regelmäßigem „Bumm, bumm, bumm", das vom Oberdeck her kam. „Es war einmal..."

„O du liebe Güte, ich glaube nicht, dass wir genügend Verbandsmaterial dabei haben!" rief Davvies angesichts der detailgetreuen „Wiedergabe" des Kinohits „Fist Club".

„Wir können nur hoffen, dass Pilts nicht auch noch auf die Idee kommt, „Sieben Todsünden" nachzuspielen!" sagte Amon.

„Oder „Rendezvous mit Joe White". sagte Afflegg.

„Ja, das wäre wirklich brutal! Ich glaube nicht, dass da noch einer ein Auge offen halten könnte. Und einen eingeschlafenen Steuermann will doch keiner!" sagte Davvies.

„Es ist mir", sagte Shanks, „ehrlich gesagt, ein bisschen zu brutal!"

„Ja, gell? Das kann sich doch keiner mit ansehen! pflichtete Schtiller ihm bei. Dann, ein paar Faustschläge später: „Ich glaube, er kann nachher ein paar „Sex on the Beach" gebrauchen. Wenn ihr mich sucht, ich bin in meine Kajüte."

„Was denn, du willst ihn doch nicht auch noch bestrafen, wo er doch so die Hucke voll bekommt!" rief ihm Amon hinterher, aber der Spott ging im Gejohle der Menge unter und drang deshalb nicht bis an Schtillers Ohren.

Bevor er seine alkoholfreie Variante mixen konnte, wurde er von Jolly aufgehalten. Die hatte sich die Geräusche vom Oberdeck zu dem Zeitpunkt schon mehrere Minuten lang mit größter Sorge angehört und wollte nun wissen, wie es um ihren Brad stand.

„Ah, ich sag´s dir, das ist ja alles so widerlich! Echt, wie die aufeinander eindreschen! All dieses Blut..."

Mehr hatte Schtiller nicht zu sagen, um ihre schlimmsten Befürchtungen zu bestätigen.

Sie hatte eigentlich von Anfang an schon nach oben stürmen und das Theater beenden wollen, wäre da eben nicht dieser Tarrenteeno gewesen, dieser „Reservoir Hound" Tarrenteeno, dieser „Pups Fiction" Tarrenteeno, dieser „Still Will" Tarrenteeno, der eben im Begriff war, ihren Kindern Märchen zu erzählen.

Ah, diese Qual! Bumm, Bumm, Bumm. Johlen. Schmerzensschreie. „Ich *muss* nach oben!" dachte sie verzweifelt, doch noch immer traute sie dem Märchenonkel nicht, obwohl der „Hänsel und Gretel" wirklich aufs Genaueste erzählte und damit eben die Kinder von dem blutigen Spektakel an Deck fernhielt.

Bumm. „Aua". „Wow, war das ein Zahn?" „Hey, wer putzt nachher das Deck?" Bumm. „Nicht in die Eier!"

Was für eine Tortur!

„Erzähl uns das Märchen von „Rotkäppchen, Onkel!" hörte sie eines der Kinder fordern, und gleich darauf die anderen einstimmen: „Rotkäppchen", „Rotkäppchen", „Rotkäppchen".

Sie sah sein Lächeln. Es war so lieb, so fürsorglich, so voller Zuneigung zu seinen jungen Zuhörern- wie sie es eben von einem Märchenonkel erwartete. Sie hörte seine Worte, sein „Aber gerne", und dann das berühmte „Es war einmal..." Dann ein „Bumm", begleitet von –Zensiert- (wildem Fluchen).

Was zuviel war, war zuviel! Sie konnte nicht mehr länger hier unten bleiben. Es tat ihr auch leid darum, Tarrenteeno so lange misstraut zu haben, wo er sich doch wirklich als hervorragender Erzähler erwies.

Sie stürmte in einem wahrhaft halsbrecherischen Tempo auf die Stufen zu und nach oben, so dass sie alle um ihre sichere Ankunft bangten.

„Ich dachte schon, die würde niemals abhauen!" dachte Tarrenteeno und sagte dann laut: „So, liebe Kinder. Jetzt möchte ich euch die Version der Geschichte des Rotkäppchens erzählen, die kaum einer kennt. Dabei- so sagt man – erzählt sie die wahre Geschichte dieses kleinen Mädchens, das dummerweise nicht richtig auf seine Mutter gehört hatte und deshalb fett in Schwierigkeiten geriet."

„Willst du das wirklich tun?" fragte ihn seine innere Stimme angesichts der großen, vertrauensvollen Kinderaugen, die doch so sehr an seinen Lippen hingen. Und für einen kurzen Moment war er sich unschlüssig. Dann aber gewann sein verantwortungsloses Selbst, oder eben sein eigenes Wunschdenken, und so erzählte er seine eigene Version des Märchens, die doch so vollkommen anders war als das Original.

„Es war einmal vor langer Zeit, da lebte ein kleines Mädchen auf einer Insel irgendwo im großen Meer. Die Insel war zweigeteilt; auf der einen Hälfte lebte sie mit ihren Eltern, auf der anderen ihre Großmutter, ganz alleine.

Das Meer trennte sie voneinander. Es hatte die Insel irgendwann einmal mit viel Gewalt auseinandergeschoben, so dass die beiden Hälften nun bald eine Meile auseinander lagen.

Eine Meile war nicht viel, schließlich besaß jeder ein Boot und konnte mit ihm auf die jeweils andere Hälfte kommen.

Doch dann wiederum fiel der Grund zwischen beiden Seiten sehr steil ab. Es ging tief und immer tiefer, tausend, zweitausend, dreitausend, viertausend...bis an die zehntausend Meter hinab. Dort unten herrschte ewige Finsternis, die nur dann und wann durch einen Blitz, von einem Fisch hervorgebracht, unterbrochen wurde oder aber von den geisterhaften Umrissen von grotesk verunstalteten...Monstern!"

Tarrenteeno war wirklich sehr gut im Geschichten erzählen. Allein wie er das Wort „Monster" betonte...genau richtig, so dass sich die Kinder etwas gruselten, aber keine Angst verspürten.

Nein, dieses Gefühl wollte er sich für *ihn* aufbewahren.

Er wartete einige Augenblicke ab, ließ die Kinder sich erst einmal die geschilderte Tiefsee vorstellen, mit all ihren gedanklichen Abweichungen.

Er starrte jedem in die Augen, ehe er dann die seinen schloss und mit leiser, fast geflüsterter Stimme fortfuhr. „Ja, die Tiefsee. Sie war *sein* Reich. Groß, mächtig, mit einem gewaltigen Maul voller gigantischer, messerscharfer Zähne, die alles zermalmen konnten, das er zu fassen bekam. Selbst Steine.

Ja, Steine. Er war alt, uralt. Und er hatte unzählige Menschen verschlungen in seinem lange währenden Leben. Männer, Frauen, Kinder, Alte...all diejenigen, die zu unvorsichtig gewesen und des Nachts auf dem Meer waren. Denn Nachts kam er nach oben, speziell in Vollmondnächten. Das war eigentlich bekannt und doch trieben sich immer wieder Unvorsichtige oder Übermütige auf dem Meer herum, wenn *er* nach oben kam.

Er, der *Megalodon!*" Tarrenteeno sprach den Namen ehrfürchtig aus, so als ob er einen König oder Kaiser ankündigte. Er fühlte tatsächlich so, wenn er von diesem Monster der Urzeit sprach. Und außerdem war er davon überzeugt, dass er nicht ausgestorben war, sondern tatsächlich in der Tiefsee lebte. Es sollte ihm erst einmal einer das Gegenteil beweisen! Denn wie viel war von diesem gigantischen Lebensraum erforscht? Ein Prozent, vielleicht etwas mehr, doch längst nicht genug, um mit Sicherheit sagen zu können, dass dieser 15 Meter lange Killer nicht dort unten lebte.

Was er nur zähneknirschend zugab war die Tatsache, dass nur sehr wenige Tiere der Tiefsee an die Oberfläche kommen konnten, weil die meisten, an den immensen Druck der Tiefe angepasst, weiter oben nicht überleben konnten.

Aber er hoffte, dass es diesem besonderen Lebewesen möglich sein könnte, nach oben zu steigen. Es gab nichts auf der Welt, das er so gerne sehen wollte, wie ihn. Natürlich nur von einem sicheren Boot aus, selbstverständlich.

Das Dumme war, dass er immer die Kontrolle über sich verlor, wenn er von ihm erzählte und gerne vergaß, wer vor ihm saß. Auf diese Weise ließ sich erklären, dass die Kinder weder in dieser Nacht noch in der folgenden recht schlafen wollten und sich wie ein Haufen Hühner vor dem Fuchs in einem Knäuel aufhielten und auf kein noch so vernünftiges Wort hören wollten.

Jolly schäumte selbstredend vor Wut und Tarrenteeno hatte sich in Acht zu nehmen vor ihr. Selbst als er etwas Reue zeigte, nutzte ihm das nichts. Er hatte sich eine furchtbare Gegnerin geschaffen und das auf einem Schiff, das nur begrenzt Ausweichmöglichkeiten bot.

„Was hast du ihnen denn erzählt?" wollte Amon wissen, dem schon Übles schwante.

„Ah, ich weiß nicht mehr so ganz."

„Ich wette, du hast ihnen deine Version von Rotkäppchen erzählt."

„Schon."

Da wussten die anderen Bescheid. „Das kannst du doch vor Kindern echt nicht bringen!" mahnte Wohlberg, der sich nur zu gut an seine eigenen Albträume erinnerte, nachdem er die Geschichte von Tarrenteeno gehört hatte.

Folgendes- nur in Schlagworten, es sollten schließlich keine weiteren Personen Albträume bekommen- war in der Geschichte vorgekommen:

Megalodon- Rotkäppchen- Korallentauchen-
Großmutter- Sporttaucher- Blut- zerbissene
Gliedmaßen- langsam hinabsinkende Köpfe-
angespülte Innereien- heulende Eltern- eine
herrenlose, rote Badekappe, die um die Welt
schwamm.

„Wenn du nicht aufpasst, brauchst du keinen
Megalodon, der dich in Stücke reißt!" mahn-
te Afflegg mit Blick auf Jolly, die finsterste
Blicke in ihre Richtung warf. „Junge, Junge,
ich hoffe bloß, dass ich *die* niemals zur
Feindin habe!" dachte er und wollte nicht in
Tarrenteenos Haut stecken.

X4

Es wurde nicht besser, als sie endlich den
Teufelsfelsen erreichten. Es hätte ja so
großartig werden können. Jolly hatte sich
und den Kindern alles so schön ausgemalt.
Die Schildkrötenbabys, Delfine, das Atoll.

Alles war so, wie sie es gehört hatte. Man
sah die vielen Babys schon von Weitem, wie
sie über den Sand krochen. Die Delfine waren schon weit vor ihrem Ankerplatz aufgetaucht, hatten sie begleitet und spielten aus-
gelassen mit denen, die zu ihnen ins Wasser sprangen.

Zu denen hätten auch die Kinder gehören
können, doch die trauten sich nicht ins Wasser. Sie hatten schon geschrien, als die
Meeressäuger aufgetaucht waren, in der
festen Überzeugung, deren Rückenflossen
gehörten mehreren Megaloda und sich in
der hintersten Ecke des Unterdecks verkro-
chen.

Da hatte Jolly endgültig die Faxen dicke. Sie baute sich vor Tarrenteeno auf, die rechte Hand zur Faust geballt und in die Hüfte gestemmt, und herrschte ihn an: „Jetzt sieh zu, wie du die Kleinen ins Wasser bekommst, du Arsch! Wehe dir, wenn sie unten bleiben! Dann...dann...dann werde ich dich mit Fischblut einschmieren und deinem Scheiß Megalodon zum Fraß vorsetzen!"

Unter normalen Umständen hätte er nicht viel darauf gegeben, doch ihn plagte schon ein bisschen das schlechte Gewissen und deswegen stieg er zu den verängstigten Kindern nach unten und begann mit seiner „Mission Impossible".

Er wollte es wirklich versuchen, doch anfangs machte er alles viel schlimmer. Denn er saß einfach nur stumm da und sagte nichts. Das machte den Kindern zusätzliche Angst, weil sie dachten, dass er gleich mit der nächsten grausligen Geschichte daher kommen würde.

Dabei wusste er nur nicht, was er sagen sollte. Es fiel ihm eben wesentlich leichter, heftige, blutdurchtränkte Geschichten zu erzählen als den Kindern die eher langweilige Realität beizubringen. Sonne, Schildkröten, Delfine, Atolle, blauer Himmel- das alles war schon nett, mehr aber auch nicht. Es war einfach alles nichts ohne so einen echten Killerhai!

Er war ganz kurz davor, sie mit einer weiteren Horrorstory aus dem Schiff zu treiben. Das wäre ihm wenigstens leicht gefallen. Die Zutaten lagen bereit. Sie waren die gleichen wie bei seiner speziellen Rotkäppchen Geschichte, nur dass der Ort des Geschehens im Bauch eines Schiffes lag und statt eines Megalodon ein hässlicher Gnom alle auseinander nahm.

Aber dann sah er Jolly als eben jenen hässlichen Gnom, wie sie die rasiermesserscharfen Zähne in ihn schlug und ihn auseinander nahm.

Also wählte er die geduldige Variante und zerbrach sich den Kopf, bis der ihm wirklich weh tat, wie er den Kindern die Angst, die er geschürt hatte, nehmen könnte.

Und was will man sagen, es fiel ihm tatsächlich etwas ein. „Ein Hoch auf den Aberglauben!" dachte er und erzählte den Kindern die Story vom Pferd, wie ihre Wünsche in Erfüllung gingen, wenn sie die nur auf einen wasserfesten Zettel schrieben und inmitten des Atolls versenkten. Natürlich funktionierte das nur mit Steinen von der Schildkröteninsel.

Jolly war schon etwas befremdet, als sie die Kinder mit vollgeschriebenen Zetteln zuerst auf die Insel und dann auf das Wasser des Atolls trieben. „Das muss ich jetzt nicht verstehen!" dachte sie, war aber immerhin etwas mit Tarrenteeno versöhnt. Etwas, wohlgemerkt. Gut war sie ihm noch lange nicht, aber immerhin wollte sie ihn nicht mehr an den nächsten Hai verfüttern.

Während die Kinderschar dabei war, ihre „Glückssteine" zu versenken, trafen die Taucher ihre Vorbereitungen für die spezielle Unterwassersafari am berüchtigten Teufelsfelsen. Obwohl einige ihre Ausrüstung mitgebracht hatten, wollte außer Li Cabrio, Schtiller und Horton niemand tauchen. Keiner gab es zu, doch der Ort machte ihnen Angst. Sicher hatten sie im Vorfeld schon viel über ihn gehört und dabei auch alles über seine gefährlichen Eigenarten erfahren. Es war aber ein Unterschied, ob man etwas aus sicherer Entfernung hörte, oder aber direkt vor Ort war und sich von diesem verboten aussehenden Felsen einschüchtern ließ.

Schließlich hatte es dort schon einige, sehr mysteriöse Todesfälle gegeben, die nie ganz aufgeklärt wurden und selbstredend zu seinem Mythos beitrugen, einer der gefährlichsten Tauchplätze der Welt zu sein, ja sogar eine Todesfalle. Was die eher Ängstlichen von einem Tauchgang abhielt.

Dabei begründete sich der Mythos des Ortes nur im Aberglauben. Schuld waren auch die unfähigen Wissenschaftler, die die Vorfälle untersucht hatten.

Denn jeder halbwegs begabte Wissenschaftler hätte sofort herausgefunden, dass der Teufelsfelsen Teil eines gigantischen Unterwasservulkans war, der höchst aktiv mindestens einmal pro Woche ausbrach und dadurch selbstredend alles durcheinander brachte. Es war nicht gerade angebracht, in den glühend heißen Rauch zu schwimmen, den er ausstieß. Kein Taucheranzug der Welt hielt Temperaturen wie diesen stand!

Nichts war es also mit dämonischem Zutun.

Na ja, dann gab es noch eine Filmaufnahme, die zeigte, wie ein Taucherpärchen von einem Monster zerlegt wurde. Die Rede war von einem mächtigen Hai mit einer Länge von weit mehr als zehn Meter. Was hatte da Tarrenteeno aufgehorcht und gehofft, endlich seinem geliebten Megalodon auf die Spur gekommen zu sein.

Den Vorfall, in den Medien bis ins Kleinste ausgeschlachtet, untersuchte dann zum Glück eine Koryphäe auf dem Gebiet der Meeresforschung und der fand heraus, dass die Taucher unglücklicherweise einem Mako direkt vors Maul geschwommen waren, der zu den gefährlichsten Menschenhaien der Welt gehörte und der auch ohne Provokation angriff. Nebenbei fand er heraus, dass der Filmemacher das „Monster" größer gemacht hatte, als es in Wirklichkeit war. Das einzig seltsame an dem Fall war die Tatsache, dass der Mako normalerweise nur im offenen Meer anzutreffen war.

Diese Entmystifizierungen bedeuteten allerdings nicht, dass dieser Ort nicht doch ein Monster besaß.

„Es war hier, nicht wahr?" fragte Schtiller, als sie sich endlich in die Neoprenanzüge gequält hatten.

„Hm?" Li Cabrio wusste genau, was er meinte, hatte aber eigentlich keine Lust, über das Thema zu reden.

„Dass sie verschwand." erklärte Horton.

„Dass wer verschwand?"

„Willnet! Ich meine...das war doch..." Schtiller verstummte, plötzlich schüchtern geworden. Er hatte das Gefühl, irgendwie zu tief in Li Cabrios Privatsphäre eingetaucht zu sein, obwohl er nicht viel gesagt hatte und man allgemein darüber sprach.

„Hier?" beendete Li Cabrio dann seinen Satz.

„Ja."

Er starrte sie einige Zeit lang an. So lange, bis Horton und Schtiller unruhig wurden, weil sie das Gefühl hatten, er würde sie mit seinem Blick durchbohren. Dabei dachte er nur: „Ihr habt ja überhaupt keine Ahnung!", während er die letzte Begegnung mit ihr vor seinem inneren Auge abspielen ließ.

Der Ort hätte kaum andersartiger sein können als dieser, an dem sie nun ankerten. Es war ihm möglich, sich an alle Einzelheiten zu erinnern. Die eisigen Temperaturen. Die stürmische, Ostsibirische See. Die bange Frage, ob sie von den Neusibirischen Inseln abreisen könnten oder aber für mehrere Tage gefangen waren. Der Wahnwitz, ausgerechnet dort, an einem sehr abgelegenen Ort, dem „Titonnic" Film ein Denkmal zu setzen. Es hätte vielleicht sogar funktionieren können, wenn nicht gleich zwei mit Journalisten aus aller Welt vollbesetzte Flugzeuge auf Nimmerwiedersehen in den eisigen Fluten verschwunden wären. „Warum zum Henker, war eigentlich Kameroon nicht aufgetaucht?" fragte er sich plötzlich.

Ihr süßes Lächeln und das Geheimnis, das sie ihm schließlich preisgab, obwohl sie es eigentlich für sich behalten wollte. Ja sie hatte ihm ihr nächstes, großes Projekt verraten. Er bekam jetzt noch eine Gänsehaut, wenn er daran dachte. Die Art, wie sie von Elvis´ Insel sprach. Der niedliche, britische Akzent. Die wilde Entschlossenheit und die Gewissheit, ihn finden zu können.

Und dann der Schock, als es hieß, sie sei verschwunden. All die heulenden Fans, das Bangen, das Hoffen, das Beten... und schließlich die Aufgabe der Suche.

Es hatte ihm einen Stich ins Herz versetzt. Jetzt bloß keine falschen Gerüchte, sie hatte ihren Partner, er seine, aber sie war ihm seit ihrer Zusammenarbeit so eine Art Schwester geworden. Und deshalb musste er sie finden oder es wenigstens mit allen Mitteln versuchen! Das war er ihr schuldig!

Er dankte Gott auf Knien, dass sie ihm einige „Spuren" hinterlassen hatte. In Form von Ortsangaben, Längen- und Breitengraden, in Briefen, die ihre momentane Verfassung dokumentierten und vor allem dieser letzten Postkarte, die, voller Enthusiasmus geschrieben, davon sprach, dass sie ihrem Ziel äußerst nahe gekommen war. Auf ihr war der Teufelsfelsen gut zu erkennen gewesen, von dem aus Willnet einen Pfeil gemalt hatte bis zum Kartenrand.

Er schüttelte den Kopf. „Kommt schon, lasst uns tauchen, bevor das Meer am Ende noch austrocknet."

X5

Es wurde nichts mit dem Tauchgang. Der Vulkan fing just in dem Augenblick, als sie ins Meer springen wollten, an zu speien. Li Cabrio und Schtiller konnten Horton gerade noch zurückhalten, der im Begriff war, sich ins Wasser plumpsen zu lassen.

Nun zeigte sich auf eindrucksvolle Weise, weshalb dieser Ort diesen Mythos von Dämonie und Übernatürlichkeit besaß. Das bis dato kristallklare Meer verwandelte sich binnen Augenblicken in eine pechschwarze Kloake. Die Oberfläche sprudelte, als schnorchelte ein ganzer Haufen von Giganten darin.

Das Ganze war nicht ohne! Alle, die mit den Beibooten draußen waren, hatten zu kämpfen und kamen nur mit Ach und Krach wieder zurück an Bord.

Ja, aber was will man sagen? Der Vulkanausbruch hatte auch etwas Gutes. Alle waren sie so vollkommen durcheinander und erschrocken, dass keiner merkte, wie Davvies das Schiff weiter fort lenkte von ihrer Heimatinsel. Bis sie es hätten merken können, war das Atoll bereits so weit entfernt, dass es nicht mehr länger als Anhaltspunkt dienen konnte.

Den Eingeweihten hätte also nichts Besseres passieren können. „Man sollte meinen, du hättest eine Abmachung mit dem Felsen getroffen!" lachte Amon augenzwinkernd.

„Manchmal muss man einfach Glück haben." antwortete Li Cabrio, der sich davor lange den Kopf zerbrochen hatte, wie denn der geänderte Kurs plausibel zu erklären wäre. Das wäre wahrscheinlich weitaus weniger kompliziert gewesen, ohne zwei Mitglieder des Triumvirats an Bord. „Ich trinke auf dich, mein Lieber!" rief er dem Teufelsfelsen in Gedanken zu.

Während sie davon segelten, kamen die „Glückwunschsteine" endlich unten am Grund des Atolls an. Sie waren lange unterwegs gewesen, aber es dauert eben seine Zeit, wenn man ein paar tausend Meter hinabzusinken hat.

Sie fielen alle mehr oder weniger auf genau denselben Fleck. Eine Tatsache, über die das Monster nicht gerade begeistert war. Den ersten merkte es kaum, den zweiten ebenso, den dritten schon etwas mehr, der vierte ließ seine Augenlider flattern, der fünfte sein Maul unwillkürlich aufschnappen, der sechste den Ärger langsam hochsteigen, der siebte ihn schließlich aufwachen und der Rest ihn dann aus seinem Schlaf auffahren.

Man durfte Vieles nicht auf dieser Welt, wenn man seine Tage glücklich und unverletzt verbringen mochte. Sich ohne Fallschirm vom Hochhaus stürzen. Sich vor eine rollende Straßenwalze legen. Einen Kugelfisch komplett verspeisen. Eine Flasche leer trinken, deren Etikett einen Totenkopf zeigt.

Oder eben einen Megalodon aus seinem Verdauungsschlaf reißen, dessen Magen mit einem kompletten Zwergwal gefüllt war.

X6

Der Schock saß tief! Bei allen, auch bei den Verschwörern. Na klar freuten sie sich über die Umstände, die ihnen so prächtig geholfen hatten. Doch wenn sie darüber nachdachten, wie schnell sich alles verändert hatte... Wohlberg brachte es auf den Punkt. „Da hat man mal wieder

„Da hat man mal wieder gesehen, wie wenig wir der Natur entgegenzusetzen haben!"

Horton war erst nach drei kompletten - echten- „Sex on the Beach" wieder ansprechbar. „Ich war fast drinnen mit dem Kopf, Mann, ich war fast drinnen! Kannst du dir das vorstellen? Nur ein paar Zentimeter und ich hätte als Glühbirne geendet! Scheiße, Mann, das ist so was von Scheiße!"

Ja, die Stimmung war auf dem Tiefpunkt. Nicht nur bei dem Fast-Verunglückten. Die Kinder trauten keinem mehr. Da hatten sie sich endlich dazu durchgerungen, das sichere Schiff zu verlassen und trotz Tarrenteenos Horrorstory auf das Wasser des Atolls zu fahren, und was geschah? In ihren schlimmsten Albträumen hatten sie nichts derart Schreckliches erlebt, wie hier an diesen paradiesischen Gestaden! Sie zogen sich wieder in das hinterste Eck des Schiffes zu einem dichten Knäuel zurück.

„Wäre ich doch nie mit ihnen auf dieses verfluchte Schiff gekommen!" schimpfte Jolly, die genau wusste, dass sie die Kinderschar kaum beruhigen konnte. Alleine schon gar nicht und deshalb hatte ihr Pilts, der viel lieber an Deck geblieben wäre, einfach weil er das Auftauchen der verheißenen Insel nicht verpassen wollte, Gesellschaft zu leisten. Die Kinder mochten ihn, er hatte immer nette Späße auf Lager. Wer also sollte ihnen die Lebensfreude zurückgeben, wenn nicht er?

Tarrenteeno hielt sich jedenfalls wohlweislich fern von ihnen.

Er hielt sich zu den anderen „Verschwörern",
die als einzige, trotz der Umstände, die
Fahrt genossen.

„Wie lange gebt ihr ihnen, bis einer was
merkt?" wollte Afflegg wissen.

Das fragten sich alle. Es musste irgendje-
mand zwangsläufig auffallen, dass sie nicht
nach Hause fuhren, weil die Sonne nicht
verkehrt herum lief. Bei der Reise zum Atoll
war sie auf der linken Seite aufgegangen
und auf der rechten unter. Wären sie auf der
Rückreise, hätte es genau umgekehrt sein
müssen. Jeder mit etwas Beobachtungssinn
musste das früher oder später bemerken.
Diejenigen mit dem Auge fürs Detail womöglich eher als andere. Deshalb war es nur
logisch, was Wohlberg antwortete.

„Ich glaube, Steelberg ahnt schon etwas."
Sie schauten alle zu dem Regisseur, der
ihnen gegenüber, scheinbar gedankenverlo-
ren, an der Reling stand und zum Himmel
starrte.

„Vielleicht sollten wir was tun." meinte
Afflegg. „Ich weiß nicht, ihn irgendwie ablenken oder so was."

„Oder so was. Netter Gedanke, Afflegg!"
sagte Amon. „Vielleicht gehst du rüber und
fängst mit ihm eine Diskussion über Dino-
saurier an, hm? Das wird ihn sicherlich
ablenken."

„Ach, dann schlag doch was Besseres vor!"
konterte Afflegg.

„Wir machen gar nichts!" fuhr Li Cabrio dazwischen. „Sonst wird er erst recht misstrau-
isch. Eben weil wir nicht wissen, was wir tun

62

oder sagen sollen. Man geht nicht einfach so zu Steelberg und plaudert mit ihm. Weil er den Blick fürs Detail hat. Und jeden durchschaut."

Die darauf folgende Stille durchbrach wieder einmal Tarrenteeno, der eigentlich immer dafür zuständig war, entstandene, andauernde Stillen zu durchbrechen. „Wollen wir wetten?" sagte er nur und schlenderte dann auf Steelberg zu.

„Nicht!" zischten ihm die anderen hinterher, aber eigentlich hätten sie wissen müssen, dass er nicht mehr aufzuhalten war. Er war eben Regisseur und setzte eine Idee, erst einmal in den Kopf gekommen, dann auch um. „Wahrscheinlich macht das einen guten Regisseur aus!" dachte Li Cabrio, dem nichtsdestotrotz die Nerven flatterten. „Mach bloß nichts kaputt!" schickte er seinem Kumpel in Gedanken hinterher.

Von ihrem Standort aus konnten sie nichts hören, sondern nur sehen. Sie hätten natürlich näher hingehen können, doch das wollten sie nicht. Es schien ihnen fast gewiss, dass Tarrenteeno alles vermasseln würde.

So blieb ihnen also die Rolle als reine Beobachter, die Folgendes sahen:

Einen blendend aufgelegter Tarrenteeno, der scherzte und lachte wie ein junger Gott.

Einen eher reserviert wirkenden Steelberg, dem höchstens mal ein Schmunzeln über das Gesicht lief.

Dann einen ernster werdenden Tarrenteeno, der wild mit den Armen wedelte, weit ausholte und dabei Steelberg mehrmals beinahe ohrfeigte.

Einen auftauenden älteren Regisseur, dem das, was sein jüngerer Kollege aktuell sagte, sichtlich besser gefiel als das Vorige.

Es war wie in der Achterbahn. Die Gefühle der Beobachter gingen rauf und runter. Anfangs entstand ein dicker Kloß im Hals, dann wieder Hoffnung. Zwischendurch runzelte Steelberg die Stirn und das ließ ihnen allen das Herz in die Hosen rutschen. Dann aber lächelte er und sie atmeten alle auf.

Es war zu köstlich, sie zu beobachten und gleichermaßen jammerschade, dass keine Kamera auf sie gerichtet war. Sie boten Comedy vom Feinsten, wenn auch unfreiwillig. Es gab zwar kein weltweites Publikum mehr, das in die Kinos strömte, doch vielleicht hätte es die Kinder zum Lachen und aus ihrer Angststarre hervor gebracht. Pilts war wirklich großartig, er lief zur Hochform auf, doch sein Bemühen blieb ohne Erfolg. An diesem Tag schaffte er es nicht, die Kinder zu knacken. Stattdessen zwang ihn eine beginnende Migräne nach zwei Stunden schließlich ins Bett.

Seine Erfolglosigkeit beeinflusste die Reise aufs Extremste. Alles Weitere, was danach geschah, hing unmittelbar damit zusammen. Und eigentlich auch mit Tarrenteeno, denn hätte er den Kindern seine Version von Rotkäppchen nicht erzählt, hätte er sie nicht mit dem Lügenmärchen von den Glückssteinen hervorlocken müssen und dann wäre es höchstwahrscheinlich auch kein Horrortrip geworden.

Hätte, wenn, aber. Es war so, wie es war und der Lauf der Dinge ließ sich nicht mehr ändern.

X7

Zunächst aber kam Tarrenteeno mit dem breitesten Grinsen und der guten Nachricht zurück, dass Steelberg überhaupt nichts gemerkt hatte, gerade auch, weil er sich mit völlig anderen Dingen beschäftigte.

Die Kurzzusammenfassung: Steelberg war sich der Kürze der verbleibenden Jahre bewusst und auch der Tatsache, dass er zu wenig vom Planeten gesehen hatte. Deshalb plante er den Ausstieg aus dem Triumvirat und eine langjährige Weltreise.

Das war natürlich schon eine recht große Neuigkeit, doch... „Na ja, das ist der Hammer, aber ihr habt über eine Stunde geredet. Ich meine, ihr habt doch nicht die ganze Zeit über den geplanten Ausstieg und die Weltreise..." merkte Wohlberg an.

„Nein, natürlich nicht. Der Rest war, ihr wisst schon, Austausch unter Kollegen."

Mehr war ihm nicht zu entlocken. Womöglich wäre er noch mehr ins Detail gegangen, wenn nicht in dem Augenblick eine wutentbrannte Jolly nach oben gekommen wäre. Sie schrie ihren Frust laut heraus.

„Sieht nicht danach aus, dass Pilts Erfolg gehabt hätte!" merkte Amon an.

„Wen wundert´s? Sie sind auf dem Wasser gewesen, als es so urplötzlich schwarz wurde, und ich sag´s euch, mir wird jetzt noch anders, wenn ich darüber nachdenke!" gab Afflegg zu.

„Und dann noch das Rotkäppchen..." sagte Amon.

„Ach, halt doch die Klappe!" Es war Tarrenteeno nicht recht, dass er an seine Mitschuld an der Angst, die die Kinder empfanden, erinnert wurde. Ihn plagte schon das schlechte Gewissen, aber er hatte auch keine Lust auf eine erneute Konfrontation mit Jolly. Deshalb wollte er nicht, dass Amon diese Episode auf den Tisch brachte.

„Wir müssen ihnen nur etwas Zeit lassen, dann wird das wieder!" erklärte Li Cabrio. „Kinder vergessen schnell!"

„Ah, sei dir da nicht so sicher!" widersprach Afflegg. „Ich glaube nicht, dass sie so eine traumatische Erfahrung schnell vergessen werden."

„Haben wir denn nichts an Bord, mit dem wir sie ablenken können?"

„Nein, Donnie. Sie waren schließlich nicht eingeplant auf dieser Reise." erklärte Tarrenteeno.

„Und leider sind uns auch die schlüpfenden Schildkrötenbabys ausgegangen." sagte Amon.

„Sieht aus, als wären euch die Ideen ausgegangen." mischte sich auf einmal eine völlig fremde Stimme in das Gespräch ein.

Als sie sich nach ihr umdrehten und in das Gesicht Kossners blickten, waren sie doch sehr überrascht. Irgendwie hatte bisher keiner bemerkt, dass er an Bord war.

Er grinste sie an und so komisch es klingen mag, sie fühlten sich gleich viel besser. Es lag so viel Selbstsicherheit in seinem Grinsen und gleichzeitig ein großes Versprechen, alles wieder ins Lot zu bringen, dass sie gar nicht anders konnten, als daran zu glauben.

Jolly schien fast etwas erschrocken, als er auf sie zutrat. „Sie hat ihn wohl bisher auch nicht bemerkt!" raunte Amon den anderen zu.

Sie hörten nicht, was er ihr sagte, sehr wohl aber ihre Reaktion. Sie war auch nicht zu überhören. „Was?"

Sie schien nicht sehr begeistert zu sein von dem, was er ihr gesagt hatte und auch wenig überzeugt. Sie starrte Kossners ungläubig hinterher und noch ungläubiger, als der tatsächlich mit den Kindern zurück an Deck trat.

„Wie zum Henker hat er das nun wieder angestellt?" Tarrenteeno schien fast schon etwas neidisch.

„Tja, manche wissen halt, wie es geht." merkte Wohlberg an.

„Wer hat dich denn gefragt?" Die anderen schmunzelten hinter Tarrenteenos Rücken über dessen etwas beleidigten Tonfall.

Sie folgten der Kinderschar und Kossner zum Heck des Schiffes, wo der sich in Pose stellte und so lange wartete, bis die Anspannung weit genug gestiegen war, ehe er sprach. „Es ist lange her, dass ich den nun folgenden Stunt abgezogen habe. Damals war ich natürlich noch jünger, und sicherlich haben nicht Wenige gedacht, ich sei gedoubelt worden. Nun, gegen das Altern kann ich nichts machen, dafür aber den Zweiflern zeigen, dass ich keine Doubles nötig hatte und habe."

Er nahm ein Seil und band es mit einem Dreifachknoten an einem am Heck befestigten Stahlring fest. Dann zog er seine Schuhe aus, verbeugte sich vor dem inzwischen zahlreich erschienenen Publikum, griff das Seil, stellte sich auf den äußersten Rand des Hecks, spannte seine Muskeln an, sprang dann aber in letzter Sekunde doch nicht. „Liebe Kinder, ich möchte euch dringend vor einer Nachahmung abraten. Ihr solltet es frühestens dann versuchen, wenn ihr erwachsen seid. Okay?"

Und dann sprang er, weil ihm die Kinder versicherten, es niemals selbst versuchen zu wollen.

Es war noch während des Sprungs, dass Wohlberg dachte, dass er doch eigentlich mit einer Harpune bewaffnet gewesen war, die explodierte. Aber dann, da hatte er Nahrung besorgen wollen, und überhaupt war es ja nur ein Film gewesen. „Das hier ist die Realität, da braucht der doch keine explodierenden Harpunen, Dummchen!" wies er sich selbst zurecht.

„Schon beeindruckend, wie er sich hält!" sagte Steelberg bewundernd.

„Da sieht man erst, wie schnell das Schiff fährt!" erklärte Shanks. Und tatsächlich erkannte man das erst anhand von Kossner, der regelrecht durch die Wellen schoss.

„Aua, das muss doch weh tun!" sagte Jolly.

Wie auch immer, die Kinder waren begeistert und vergaßen augenblicklich, dass sie eigentlich traumatisiert waren. Es sah aber auch imposant aus, wie der alte Recke durch die Wellen glitt und sich stoisch jeden Schmerzensschrei verbiss.

Natürlich hielt man das nicht lange durch. Egal, ob man jung und durchtrainiert war oder alt und nur mäßig fit, fünf Minuten waren das Allerhöchste der Gefühle. Dann musste man zurück an Bord.

Tatsächlich reichten drei Minuten aus. Es war erstaunlich, wie sich die Stimmung innerhalb dieser kurzen Zeit zum Positiven wendete. Am deutlichsten machte es sich in dem Lachen der Kinder bemerkbar.

„Mann, das ist ein Wunder!" rieb sich Amon erstaunt das Kinn und sprach damit das aus, was alle dachten.

„Da sieht man mal wieder, wie einfach es geht, wenn man nur die richtigen Mittel weiß." erklärte Afflegg fast andächtig.

„Kommt, helft mal mit. Wir sollten ihn wieder an Bord holen, ehe er sich noch was tut!" erklärte Li Cabrio.

„Oder eines dieser Meeresmonster kommt, ihn zu verspeisen. Ich meine, wo er doch seine Spezialharpune nicht dabei hat." Irgendwie fand nur Wohlberg seine Bemerkung witzig, der Rest schaute ihn an, als würde er an vorübergehendem Schwachsinn leiden.

Kossner war ziemlich froh, als sie begannen, das Seil einzuholen. An und für sich machte ihm das „Wellenreiten" nicht so viel aus, er fand sogar, dass er noch mehr aushielt als damals beim Dreh von „Waterovertheworld".

Doch da war dieses Gefühl, das ihn überfiel und nicht mehr los ließ. Eine dieser saublöden Vorahnungen, die du im offenen Wasser nicht haben willst und die immer von Filmszenen aus „Der Große Weiße" begleitet werden.

Was er nicht wusste war, dass drei Blauhaie und ein Mako Interesse an ihm bekundeten. Das „Fast Food" sah sehr verlockend aus und jeder von ihnen hätte es gerne gehabt. Schnelligkeit war also Trumpf, aber der, der das Ding an der Oberfläche als erster hatte, musste sich auf einen heftigen Futterkampf einstellen.

Doch dann ließen sie auf einmal ab von ihren Plänen und machten sich schnellstens aus dem Staub. Das Monster kam zwar von ganz unten aus der Tiefe, sie hatten es aber dennoch frühzeitig gesehen und kamen rechtzeitig fort aus der hochgefährlichen Zone. Sie wären nicht die ersten Haiopfer des Megalodon gewesen. Selbst ausgewachsene Hammerhaie oder Große Weiße hatten diesem Monster nichts entgegen zu setzen.

Schwer zu sagen, wer den Schatten zuerst erblickte. Wohlberg oder Steelberg nahmen sich nicht viel. Kossner jedenfalls sah ihn sehr spät. Er hatte aber noch Zeit für einen Gedanken. „O verdammt, ich bin verflucht!"

Was dann geschah traumatisierte die Kinder auf Lebenszeit, aber das lag nicht nur an Kossner, sondern auch an den Ereignissen der kommenden Stunden.

X8

Der Schauspieler verschwand mit einem Happen im riesigen Maul des Urzeithais. Die Kinder schrieen, die Frauen schrieen, die Männer schrieen- bis auf Tarrenteeno, der fasziniert auf das Tier sah, von dem er die ganze Zeit über gedacht hatte, es würde Elvis´ Insel bewachen. „Auf diese Weise wollte ich ihn eigentlich nicht kennen lernen", dachte er, „aber was haben sie mich alle ausgelacht! Und jetzt sehen sie, dass ich recht hatte!" Er besaß genug Pietät, um seinen Triumph nicht laut in die Welt zu posaunen.

Und er hatte anschließend alle Hände voll zu tun damit, nicht über Bord zu gehen. Das Biest hatte sich am Seil festgebissen und zog den Kahn einfach mit sich fort.

Die Kinder schrieen, die Erwachsenen schrieen, und dieses Mal schrie auch Tarrenteeno.

X9

Die Kraft der Bestie war unglaublich! Sie zog das achtzig Meter lange Schiff mit sich, als wäre es nichts weiter als ein Modell aus Papier. Das war schon sehr erstaunlich, aber der blanke Hammer war die Ausdauer, die der Hai zudem noch bewies.

Er zog den Kahn mit gleichbleibender Geschwindigkeit bald eine halbe Stunde lang.

Es gab nur ganz Wenige, die in dieser Situation klar denken konnten. Genaugenommen waren es zwei. Li Cabrio, der seine Coolness selbst nicht so recht verstand und Steelberg, dessen Bestie in „Der Große Weiße" ein ungleich kleineres Boot genau auf dieselbe Weise demoliert hatte.

Es hätten auch mehr sein können, doch Shanks und Villies waren leider über Bord gegangen, als der Megalodon angriff. Sie wurden Stunden später an die Gestade einer einsamen Insel gespült, die speziell Shanks seltsam bekannt vorkam. Er verstand den Grund aber erst, als Villies am Strand stand und mehrfach hintereinander „Wilson, Wilson, Wilson!" rief. Da wusste er nicht so recht, ob er sich freuen sollte über die Gesellschaft auf seiner verlorenen Insel oder aber doch lieber verzweifeln sollte. „Wir haben doch nichts gemeinsam!" dachte er und versuchte vergeblich, sich nicht auszumalen, wie die nächsten Monate verlaufen würden.

An Bord des Schiffes nun machten sich zwei Männer daran, das Seil zu durchtrennen, an dem die Bestie fest hing. Ein Akt, der schon unter normalen Umständen beide Hände und viel Kraft erforderte, und noch dazu eine scharfe Axt. Die war an Bord nicht verfügbar, dafür aber glücklicherweise Macheten. Zwar waren sie nur mäßig scharf, da es sich um Filmrequisiten handelte. Aber es war besser als gar nichts.

Li Cabrio und Steelberg gaben ihr Bestes, doch sie kamen nur schleppend langsam voran. Grund dafür war die Dicke des Seils, dessen außerordentliche Qualität und die immer schwieriger werdende Lage, weil sich das Schiff mit dem Bug immer weiter in die Luft schraubte. Es war ein Rennen gegen die Zeit, in das Steelberg und Li Cabrio viel zu spät eingestiegen waren und das kaum mehr aufzuholen war.

Doch sie gaben nicht auf und konzentrierten sich nur auf das Zerhacken des Seils. Sie ließen sich durch nichts ablenken, weder durch vorbeifliegende Gegenstände, noch durch die verzweifelten Schreie der über Bord gehenden, nicht durch das Ächzen des Schiffes, das erheblich unter der Anstrengung litt und erst recht nicht durch den damit verbundenen Gedanken, dass es bald auseinander brechen würde, sollten sie das Seil nicht rechtzeitig zerschnitten haben oder aber das Vieh nicht endlich erschöpft sein.

Zentimeter für Zentimeter tauchte das Heck in das Wasser ein, während der Bug sich immer weiter in die Höhe schraubte. Bald hatte er einen Winkel erreicht, der es den Reisenden kaum mehr möglich machte, sich festzuhalten.

Wohlberg sah, wie sich einzelne Planken lösten und der Inhalt des Laderaums sich in das Meer ergoss.

„Himmel hilf, ich will ein Mönch werden!" flehte er und hielt sich mit letzter Kraft am Vordermast fest.

Es fehlten nur wenige Sekunden bis zum Auseinanderbrechen und Sinken des Kahns. Aber dann hatten Steelberg und Li Cabrio endlich das Seil durch. Der Megalodon schoss mit einem gewaltigen Sprung davon und das Schiff fiel mit mächtig viel Schwung zurück auf das Meer.

XX

Die Ruhe danach war gespenstisch. Die, die sich noch an Bord befanden, waren zutiefst geschockt und begriffen nur ganz allmählich ihr großes Glück. Von den vielen Passagieren waren nur die fünf „Verschwörer", Steelberg Jolly, Pilts, Schtiller, Horton, die Hälfte des Ensembles aus „Dreihundert Zigarren" und die Kinder übrig geblieben. Das Schiff sah aus, als hätte es einen Jahrhundertsturm überstanden. Das, was an Gegenständen nicht über Bord gegangen war, lag zerstört im Laderaum, genauso wie die Einrichtungen der Kajüten. Das Schlimmste war aber, dass von den Vorräten fast alles ins Meer gegangen war.

Alles war so wie nach einem Albtraumsturm auf hoher See. Von den Vermissten fehlt bis heute jede Spur. Keiner zweifelte daran, dass sie ertranken und zur willkommenen Beute verschiedener Meeresräuber wurden.

Es dauerte zwar seine Zeit, bis Geena Davvies die gegenwärtige Position errechnet hatte, doch das spielte keine große Rolle, da es im größeren Umkreis keine Inseln gab.

„Fragt sich nur, wer es besser getroffen hat!" sagte sie in Hinblick auf die dramatische Lebensmittelknappheit an Bord.

Natürlich hatte es die Senderanlage ebenfalls erwischt, wie sollte es in so einem Falle auch anders sein.

„Wie weit ist es denn bis zur nächsten Insel?" hakte Afflegg nach.

„Tja, wenn der Motor durchhält drei bis vier Tage. Er scheint keinen Schaden genommen zu haben, aber wer weiß..."

„Drei bis vier Tage! Scheiße! Da sind wir vorher verdurstet!" rief Tarrenteeno mit großen Augen.

„Nicht so laut, du Depp! Die Kinder sollen nichts mitbekommen!" mahnte Davvies unwirsch.

„Das werden sie so oder so!"

„Weißt du was? Erzähl ihnen doch noch ein Märchen, Quentin. Das mit dem Kinder-Schocken hast du echt gut drauf!"

„Klappe, Amon!"

„Tja, wenn wir unseren Kevin noch an Bord hätten..."

„Was dann, Afflegg?"

„Ach, ihr kennt doch alle diese Szene aus „Waterovertheworld"."

„Keine Ahnung, von was du sprichst." erklärte Amon.

Aber Afflegg antwortete nicht darauf. Plötzlich war es ihm peinlich, von der entsprechenden Szene zu sprechen, weil nun auch die Kinder und Jolly aufmerksam geworden waren. „Och, nichts."

„Nichts! Toll! Wieso hältst du dann nicht von vorne herein dein Maul?"

„Hey, nur keinen Stress jetzt, okay Quentin?" beeilte sich Davvies einzugreifen. Sie wollte einen Streit so früh in der Krise um jeden Preis verhindern. Die Nerven würden irgendwann blank liegen und das Schlichten von Meinungsverschiedenheiten immer schwieriger werden, aber eben später und nicht schon zum jetzigen Zeitpunkt. „Denkt doch an die Kinder!" fügte sie in einem fast schon flehenden Ton hinzu.

Das wirkte, denn sie waren alle besorgt um die Kinder. So viel sei zu ihrer Ehrenrettung gesagt.

Sie kamen allerdings zu spät. Die lieben Kleinen hatten auf dieser Reise schon zu viel erlebt, weitaus mehr, als ihre Seelen ertrugen. Sie waren nicht mehr zu heilen, alles, was die Erwachsenen an Bord noch tun konnten war den Schaden zu begrenzen, so dass sie nicht völlig abdrehten.

Es war erstaunlich, was sie alles aufführen, um die lieben Kleinen abzulenken. Es gab keinen an Bord, der sich keine Kamera wünschte, um die exzellenten Vorstellungen für die Nachwelt aufzubewahren.

Tarrenteeno und Steelberg spielten aus dem Stegreif ein improvisiertes Kasperletheater vom Feinsten, Amon steppte, Afflegg führte Zauberkunststückchen vor, Jolly war einfach nur die besorgte „Mutter", Wohlberg ersetzte Horton, den der Höllentrip lädiert zurückgelassen hatte, in der kindgerechten Version von „Fist Club", in der sich Pilts wirklich sehr zurücknahm.

Als der Abend schließlich über dem desolat aussehenden Schiff hereinbrach, hatten sie die Kinder wenigstens von ihren Weinkrämpfen geheilt. Das war ein enormer Fortschritt verglichen mit vorher, als die lieben Kleinen praktisch nicht zu beruhigen waren.

Und der Himmel zeigte sich als großzügiger Unterstützer. Die Sterne funkelten, als wären sie vorher extra geputzt worden, die Milchstraße ließ sich so deutlich sehen, dass auch für den ungeübtesten Sterngucker erkenntlich wurde, weshalb sie ihren Namen trug.

Aber am eindrücklichsten waren die nicht zu zählenden Sternschnuppen, die wie irre über das Firmament schossen.

„Du meine Güte, man könnte denken, die haben das „Star Wars" Programm doch auf den Weg gebracht!" sagte Li Cabrio ehrfurchtsvoll.

Die Kinder waren schlichtweg begeistert und schliefen dann tatsächlich auch glücklich ein. Die Erwachsenen vergaßen, wenigstens für den Moment, die schrecklichen Ereignisse des Tages. Es war ein wahrhaft feierlicher Moment.

Bis Wohlberg plötzlich laut aufschrie und die Stimmung erheblich störte. „Ah, jetzt weiß ich, von welcher Szene du gesprochen hast, Ben!" rief er und war so begeistert über seine Entdeckung, dass er sie laut in die Nacht hinaus schrie.

„Das war cool, Donnie", sagte Tarrenteeno, „jetzt wissen wenigstens auch die Fische Bescheid!"

Wohlberg lief daraufhin rot an, was in der Dunkelheit selbstredend nicht zu sehen war und trat aus Scham ein paar Schritte fort von den anderen. „Man darf sich doch noch einen Moment vergessen!" dachte er mürrisch und starrte auf die mondbeschienene

Oberfläche. „Die Kinder haben es ja nicht gehört", murmelte er, „ganz im Gegensatz zu deinem Scheißmärchen vom Rotkäppchen!"

Wie er so schmollend dastand und auf die Straße starrte, die die Mondstrahlen bildeten, sah er etwas hindurch schwimmen. Nur kurz, einen Augenblick lang. Einmal geblinzelt, und es war weg. Deshalb gab er nichts auf seine Beobachtung. Genaugenommen, wollte er nichts darauf geben, denn er dachte, eine riesige Flosse gesehen zu haben.

„Das hätte mir gerade noch gefehlt, dass der uns jetzt auch noch verfolgt!" dachte er und versuchte nicht an Steelbergs Film zu denken. „Haie verfolgen einen doch nicht in Wirklichkeit!" sagte er sich und verdrängte schließlich erfolgreich das, was er im Mondlicht gedacht hatte zu sehen.

XX1

Die ersten zwei Tage überstanden sie ganz gut. Auch dank dessen, dass sie den Ernst der Lage vor den Kindern verbergen konnten. Die Erwachsenen gaben von ihren Portionen ab, so dass die Kinder satt wurden und keinen Durst litten.

Dann aber kam der dritte Tag und sie hatten drastisch zu rationieren. Anfangs, als die Sonne nur verhalten schien, gelang es den Erwachsenen noch, die Kinder einigermaßen bei Laune zu halten. Das änderte sich aber mit der zunehmenden Hitze, sie litten jetzt sehr unter Durst und Hunger.

Da kippte die Stimmung und war nicht mehr zu retten. Die Kinder ließen sich nicht mehr unterhalten und jammerten in einem fort, dass sie nach Hause wollten und wie blöd alles sei und dass sie alle und alles hassten und...

„Gott sei Dank werden wir morgen Land finden!" sagte eine völlig entnervte Jolly am Ende dieses dritten Tages, als auch der Letzte der aufgebrachten Kinderschar endlich schlief.

Mit dem Trost schliefen sie alle ein. Bis auf Davvies und Li Cabrio. Sie blieben als einzige wach und das mit einem furchtbar schlechten Gewissen und richtig viel Bauchweh.

„Wann willst du es ihnen sagen?" fragte Li Cabrio.

„So spät wie möglich!"

„Sie werden den Braten riechen!"

„Was glaubst du wohl, wird los sein, wenn sie es erfahren? Du hast das Theater heute doch mitbekommen. Sie werden mir am Ende noch ins Meer springen vor Verzweiflung! Später Nachmittag, früher werde ich es ihnen auf keinen Fall sagen."

„Weißt du, wenn du willst, kann ich auch..."

„Nein! Das ist meine Aufgabe! Schließlich bin ich der Kapitän!"

Li Cabrio starrte nachdenklich an den immer noch sehr beeindruckenden Himmel. „Womöglich werden sie dich lynchen."

„Das wird ihnen auch nicht weiter helfen. Ich meine, es kann schließlich keiner eine Insel herbei zaubern."

„Also, wie lange..."

„Weitere zwei Tage. Es sei denn, der Wind frischt auf." Kurze Pause. Dann: „Oder das Vieh zieht uns noch einmal."

„Sag das bloß nicht! Echt, Geena, das darfst du nicht so einfach..."

„Ruhig Blut, Leo! In Situationen wie diesen brauchst du Galgenhumor, oder du gehst schneller vor die Hunde, als dir lieb ist!"

Li Cabrio starrte lange Zeit auf das Wasser, so dass Davvies irgendwann davon überzeugt war, dass er im Stehen eingeschlafen war. Aber dann richtete er sich auf, und sah sie mit einem, na ja, fast schon traurigen Blick an. „Ich hätte nicht gedacht, dass ich das sagen würde, aber ich wünschte mir, niemals auf diesen Trip gegangen zu sein!"

„Tja, Cowboy, dafür ist es nun zu spät."

„Allerdings."

Nachdenklich starrten sie auf den untergehenden Mond, der die vergehende Zeit und den damit näher rückenden Morgen deutlich anzeigte. Beide wünschten, der kommende Tag bliebe fern.

XX2

Die Wahrheit kam viel früher ans Licht, als von Davvies erwartet und gewünscht. Nach dem spärlichen Frühstück verlangten sie alle plötzlich Aufklärung über ihre gegenwärtige Position. Es war, als misstraute man ihren Versprechungen auf einmal. „Als ob einer unser Gespräch in der Nacht belauscht hätte!" dachte Li Cabrio mit einem Scheißgefühl im Magen.

„Du könntest sie bescheißen", dachte Davvies, „aber du blöde Kuh bist halt viel zu ehrlich! Ach, ich wünschte, ich könnte einmal so falsch sein wie die Versprechen all dieser Hollywoodproduzenten!"

Danach brach die Hölle los! Die Passagiere ließen ihrer Verzweiflung freien Lauf. Also, ganz ehrlich, von außen betrachtet gewann man den Eindruck, der ganze Haufen übe für eines dieser modernen Theaterstücke, die ohne rechten Zusammenhang waren und ohne echten Text und deren Sinn man nie ganz verstand, es sei denn, man war bereits dem Wahnsinn verfallen. Jedenfalls wollte man die verantwortlichen Regisseure immer steinigen.

Das ging den ganzen Morgen so. Danach waren sie alle so sehr erschöpft, dass sie nicht länger jammern und lamentieren konnten. Die Stille war ein wahrer Segen und Balsam für die Nervenkostüme von Davvies und Li Cabrio, die sich für die Misere verantwortlich fühlten.

Nach und nach schliefen alle ein und bekamen auf diese Weise nicht mit, wie der Motor endgültig den Geist aufgab.

„Jetzt wird´s richtig lustig!" sagte Davvies.

„Hoffentlich wachen die nicht so früh auf." antwortete Li Cabrio, der keine Lust auf weiteres Theater hatte.

XX3

Sie waren nichts weiter als ein winzig kleiner Fleck in dem riesigen Ozean namens Pazifik, von dem sie bald überzeugt waren, dass er vollkommen leer sei.

Dabei war das genaue Gegenteil der Fall. Inseln gab es en Masse und die Schiffe, die ihn befuhren, waren bald schon nicht mehr zu zählen.

Es war nur halt so, dass sie mit ihrem beschädigten Kahn weitab jeglicher stark befahrenen Routen trieben und dass sie es irgendwie schafften, die Inseln nicht zu treffen.

Womöglich hätte man sie eines Tages als völlig ausgemergelte Leichen gefunden, wenn der Megalodon nicht plötzlich zugeschlagen hätte. Er machte das an und für sich recht elegant. Ein kurzer Stoß mit seiner Schnauze, von dem die Besatzung überhaupt nichts mitbekam, und das Schiff hatte ein Leck. Die Stelle hatte er sich im Vorfeld lange genug angeschaut und nun wartete er zufrieden auf die vielen kleinen Imbissstückchen.

XX4

„Ah, ich fühle mich so schwach, dass ich schon nicht mehr richtig aufrecht stehen kann!" sagte Tarrenteeno, der das Gefühl hatte, dass er sich festhalten müsse.

„Du solltest mehr essen!" lächelte Amon grimmig.

„Guter Witz, wirklich, guter Witz!"

„Nein, jetzt aber mal ehrlich. Das Schiff steht doch schräg, oder?"

„Klar, Ben. Wir fahren gerade einen Berg hoch, weißt du!" sagte Amon.

In dem Moment kullerte eines der Kinder vorbei. „Vorsicht, sonst schlägst du noch ein Loch in die Bordwand!" rief ihm Tarrenteeno hinterher.

Zur Antwort kullerte das nächste vorbei. Und das nächste, das nächste...

Sie schauten den lieben Kleinen amüsiert zu und bemerkten dabei überhaupt nicht die Abwesenheit von Freude auf den Gesichtern der Kinder. Sie dachten nur, wie gut es war, dass sie etwas gefunden hatten, um sich abzulenken.

Sie spürten wohl die zunehmende Neigung des Schiffes, dachten sich aber nichts dabei und verstanden den Ernst der Lage erst, als Davvies nach der Inspektion des Unterdecks mit kreidebleichem Gesicht verkündete, dass sie ein Leck hätten.

Sie brachten all ihre verbliebenen Energien auf, um das Schiff vorm Sinken zu bewahren. Am Ende mussten sie sich aber geschlagen geben und auf das Beiboot umsteigen, mit dem sie sich auf dem riesigen Ozean noch verlorener vorkamen.

Der Megalodon hatte sie da, wo er sie haben wollte.

Sie sahen seine riesige Flosse bereits aus großer Entfernung. Sie ragte ja so unglaublich weit aus dem Wasser.

Wohlberg dachte: „Also hatte ich mich doch nicht getäuscht!"

Tarrenteeno dachte: „Wow, wer hätte gedacht, dass ich ihm jemals so nahe kommen würde?"

Afflegg dachte: „Loppess sollte hier sein, nicht ich!"

Amon dachte: „Wo bitte schön ist hier der Notausstieg?"

Li Cabrio dachte: „Das ist nicht fair!"

Steelberg dachte: „Nicht schon wieder!"
Jolly warf sich über die Kinder, als könnte sie sie schützen.

Er hörte die Stimme wie durch dicke Watte und er brachte zunächst keinen rechten Sinn in die Worte, die an sein Ohr drangen.

„Wer sind wir eigentlich? Ein Flüchtlingslager der UNO?"

„So viele! Sie werden uns eines Tages noch überrennen, wenn wir nicht aufpassen!"

„Was sollen wir mit ihnen machen?"

„Ab, zurück ins Meer!"

„Aber da sind Kinder dabei!"

„Na und? Es hat sie niemand gebeten, zu kommen!"

„Der Megalodon wird sie dieses Mal alle fressen. Das kannst du nicht verantworten!"

„Ihr Pech!"

„Versuch doch einmal, kein Arsch zu sein, Jim!"

„Mach mich nicht an, du!"

Es wurde noch mehr gesprochen, doch sein Kopf begann zu schwimmen und ihm war speiübel zumute.

Als er schließlich die Augen öffnen konnte, starrte er in das freundlichste und ihm angenehmste Gesicht, das er sich vorstellen konnte.

Sie half ihm auf, langsam, behutsam, und stützte ihn solange, bis seine Kraft wiederkehrte und er von alleine stehen konnte.

Dann drückte sie ihn fest an sich und hieß ihn herzlich willkommen, so wie die anderen, anwesenden Frauen.

Der Rest der Insel starrte ihn dagegen feindselig an. L Cabio erkannte keinen von ihnen. Sie trugen alle Sonnenbrillen und waren so alt geworden, dass sie nicht wiederzuerkennen waren.

Er hielt ihren Blicken nicht lange stand und wandte sich deshalb den freundlicheren Frauen zu. „Wer…" Sein Hals war wie zugeschnürt und öffnete sich erst wieder nach einem ordentlichen Schluck Wasser.

„Wer außer mir hat es noch geschafft?" Er wollte es eigentlich überhaupt nicht wissen, denn er sah keinen seiner Leidensgenossen am Strand.

„Nur die Kinder, Steelberg, Wohlberg, Tarrenteeno, Afflegg, Amon und Jolly." erklärte Willnet mitfühlend.

„Ich hatte dir gesagt, dass wir ihn nicht ziehen lassen dürfen! Er wird uns noch die ganze Welt auf unsere Insel bringen, hatte ich dir prophezeit. Und sieh her, ich hatte recht!"

Aus irgend einem Grund erkannte Li Cabrio Jim Morrison in dem Sprecher. Er fand ihn unsympathisch auf den ersten Blick und hoffte sehr, dass sich das noch ändern würde. Sein Geist kam erst langsam auf Touren, deshalb realisierte er erst Sekunden später, was Morrison gesagt hatte.

Er wollte nachhaken, kam aber nicht mehr dazu. Denn plötzlich trat *er* nach vorne. Natürlich hatte auch Elvis sich verändert. Er war sehr alt geworden und hatte darauf verzichtet, die Haare zu färben. Doch die Kotletten waren unverkennbar, genauso wie die Würde, die er ausstrahlte.

Er sprach mit Autorität und selbst Morrison wagte es nicht, ihm zu widersprechen.

In kurzen Worten: Sie durften bleiben, aber im Gegenzug auch nie wieder fort von der Insel. „Das ist der Preis, den man bezahlt, wenn man unsere Insel aufsucht." schloss er seine Worte ab.

XX6

Irgendwann gab Rodriguess die Hoffnung auf. Vier Wochen lang hatte er Tag für Tag auf ihre Rückkehr gewartet, hatte Himmel und Hölle in Bewegung gesetzt, hatte sogar Kerzen für sie angezündet.

Gebracht hatte es eine nicht zu zählende Flut an falschen Sichtungen, Vermutungen, Ratschlägen, sonst nichts.

Nach vier Wochen wusste er, dass keine Hoffnung mehr bestand, aber weil er nicht der Typ war, der leicht aufgab, ließ er zwei weitere Wochen vergehen, ehe er die Insel mit den wenigen Übriggebliebenen verließ, im Gepäck das Geld der „Kolchose" und das feste Vorhaben, dass seine Mitbewohner nicht umsonst gestorben sein sollten.

Rodriguess hatte nichts Geringeres vor, als das „verstorbene" Hollywood wieder zu beleben und damit denen, die ihm einst seinen Glanz verliehen, ein ewig während es Denkmal zu setzen.

Dazu trommelte er alles zusammen, was einst Rang und Namen besaß und den angestrebten Erfolg mit hoher Wahrscheinlichkeit ermöglichen konnte.

Das war teilweise leichter gesagt, als getan. Am schnellsten standen die Sternchen zur Verfügung, die das alte Hollywood nie verlassen hatten. Sie fielen Rodriguess praktisch in die Arme, kaum dass er an seiner alten Wirkungsstätte angekommen war.

Groony ließ sich leicht zur Teilnahme an dem Projekt überreden. Nachdem er gerade so einem Komodowaran entkommen war, hatte er die Schnauze gestrichen voll von seinen Abenteuern und freute sich auf die Arbeit als Schauspieler.

Wilhelm Schmitt war, ehrlich gesagt, von seiner Arbeit als Sonderbotschafter der afrikanischen Staaten bei der UNO etwas gelangweilt und setzte sich in die nächstbeste Maschine nach L.A., nachdem er mit Rodriguess gesprochen hatte.

Am Schwierigsten gestaltete sich die Suche nach Christian Pale. Der hatte ja schon zu den alten Glanzzeiten Hollywoods zurückgezogen gelebt und sich dann, als die letzten Studios geschlossen hatten, einfach ohne eine Adresse zu hinterlassen verzogen.

Einen ganzen Monat brauchte die beste Detektei am Ort, ihn aufzuspüren. „Das hätte ich mir eigentlich auch denken können! Das passt ja so gut zu ihm!" dachte Rodriguess, als er die neue Adresse in Händen hielt und erfahren hatte, was der Schauspieler zur Zeit machte.

Pale wollte sich ganz lange überhaupt nicht überreden lassen. Er fühle sich sehr wohl als Alpakazüchter in den Anden, betonte er mit Nachdruck.

Sie hätten ihn niemals von dort fortbekommen ohne die Unterstützung seiner Familie. Die hatte das Leben in den Bergen Perus dermaßen satt, dass Pale schließlich nichts anderes als die Rückkehr nach Hollywood übrig blieb.

Der Gouverneur ließ sich die Gelegenheit nicht entgehen, bei der Rettung Hollywoods mitzumischen, und stieg noch einmal mit Sonnenbrille und Schrotflinte aufs Motorrad.

Robberts, Diazz, Bilsson, Pottente und Cruzz gaben das Familienleben gerne für die Wiederbelebungsversuche der Traumfabrik auf.

Die Besetzungsliste las sich wie ein Who's Who des Filmgeschäfts. Sie alle glaubten fest daran, Hollywood wiederbeleben zu können. Erst recht, nachdem sich Hugh Slant zur Rückkehr aus dem Vorruhestand überreden ließ und sich die ersten Paparazzi zurück nach Hollywood schlichen.

Allerdings fragten sich alle, was außerdem noch vier Hobbits, ein Zwerg namens Gimli, ein Elf namens Legolas und ein Zauberer namens Gandalf in einem Film zu suchen hatten, der merkwürdigerweise „Say Goodbye to Hollywood" hieß.

Nach einer Drehzeit von über einem Jahr und gewohnt effektiver Publicity im Vorfeld eroberte der Film im Sturm die Kinosäle und die Herzen der Fans, die ihn zum erfolgreichsten Blockbuster aller Zeiten machten.

Die Welt hatte ihre Traumfabrik wieder, die Stars hatten ihr Leben. Aber das Wichtigste war, dass den Verlorengegangen das von Rodriguess anvisierte immerwährende Denkmal gesetzt war.

Alle waren glücklich, bis auf James Kameroon, der von unfairen Methoden sprach und darauf hinwies, dass er seine Rekordeinnahmen mit nur zwei Stars erreicht hätte.

Epilog

Nach einiger Zeit empfanden sie das Leben auf der Insel als sehr angenehm. Morrison, Elvis und Hendrix wurden den Kindern tolle Onkel, die ihnen zur Nacht sangen- wer beneidete sie nicht? Hendrix streichelte die Gitarre, während Morrison und Elvis im Duett erklangen. Besser hätten sie es nicht treffen können und dementsprechend waren es die Kleinen, die als Erste nicht mehr fort wollten von diesem Eiland.

Wohlberg und Afflegg erlernten das Muscheltauchen, Joplin brachte Tarrenteeno zu den Stellen, an denen der Megalodon gut zu beobachten war, Amon machte sich als Handwerker nützlich; Jolly leitete zunächst den Kinderhort und schließlich die örtliche Schule, als die Kinder älter wurden.

Am glücklichsten aber waren zweifelsohne Li Cabrio und Willnet. Sie hätten sich so wie die anderen zwar etwas Reisefreiheit gewünscht, akzeptierten aber die Bedingungen als unvermeidlich.

Insbesondere Li Cabrio hatte nicht damit gerechnet, die verschwundene Willnet tatsächlich wieder finden zu können. So vieles hätte schief gehen können, so vieles hatte dagegen gesprochen.

Und doch war es geglückt und deshalb akzeptierten sie auch die Isolation auf diesem speziellen Eiland- am Ende sogar mit frohem Herzen.

BULLER

Prolog

Was zeichnet einen echten Staatsfeind aus? Was muss ein Mensch tun, um in diese Kategorie zu geraten? Bomben legen? Ein Attentat auf einen führenden Politiker verüben? Dem Staat permanent drohen? Wasser oder Lebensmittel vergiften?

Ein jeder, der solche Dinge tut, gehört vollkommen zu Recht in diese Kategorie und wird ebenso zu Recht dann auch mit allen Mitteln gejagt.

Was aber muss ein Mensch tun, um *weltweit* als Staatsfeind zu gelten? Da fällt einem nicht viel ein. Diesen Fall gab es so noch nie.

Es war ja nicht so, dass es keine Kandidaten für diesen Posten gab. Hitler, Stalin, Mao Zedong, Idi Amin... Sie alle leisteten so viel Negatives und ihr Wirken betraf teilweise die ganze Welt, so dass sie eigentlich gut in diese Kategorie gepasst hätten.

Andererseits aber gab es auch immer Befürworter, die für sie sprachen und dadurch verhinderten, dass sie eben als echte, weltweite Staatsfeinde galten.

Es würde, um die Sache abzukürzen, also niemals einen echten, weltweit geächteten Staatenfeind geben.

Aber dann kam Buller und veränderte alles!

1

Hm, was gab es über Buller zu sagen? Er lebte in dem kleinen Ort Berghülen auf der Schwäbischen Alb.

Er trug die Tageszeitung aus.

Er aß gerne Kässpätzle.

Und Maultaschen, aber nur, wenn sie gebraten waren und mit Kartoffelsalat.

Er hatte ein Poster von Jimi Hendrix an der Wand.

Öh...

Er hatte schon mal einen Igel von der Straße gerettet.

Er besaß einen von seinen Eltern geerbten Obstgarten, den er mit seinem Bruder teilte.

Er lebte an der Hauptstraße.

Und er trank für sein Leben gerne Most. Aber nur stark verdünnt, denn sonst bekam er schnell Durchfall und einen mächtigen Kater am nächsten Morgen.

Was gibt es denn noch... Ach ja! Buller war dreiundvierzig Jahre alt.

Mehr gab es über ihn nicht zu berichten.

2

Wie wird man zum Staatsfeind Nummer eins? Wie wird man zum *weltweiten* Staatsfeind Nummer eins?

Auf das „Wie" wird es nie eine Antwort geben.

Dafür aber auf das „Wer".

Und wiederum aber nicht auf das „Warum".

Fakt war- am Ende jagten alle Buller.

3

Zunächst ahnte er aber nichts von seinem Schicksal. Wie sollte er auch, da gab es nichts zu ahnen. Wann hatte er das letzte Mal etwas Ungesetzliches getan? Er wusste es nicht mehr genau, und es war auch nicht von Belang. Es war bereits fünfundzwanzig Jahre her und eine Lappalie, keiner Erwähnung wert.

Nach allem, was recht war, hatte er ein bis an sein Lebensende dauerndes, geruhsames Leben verdient.

Stattdessen wurde sein belangloses, aber auch friedvolles Leben eines Tages zur Hölle, weil niemand nach den Umständen fragte, die ihn zum weltweiten Staatsfeind gemacht hatten, und auch deshalb, weil keiner an seiner Schuld zweifelte.

4

Aber der Reihe nach.

In einer kleinen Siedlung in Alaska, die nur mit dem Boot oder Flugzeug zu erreichen war und in der mehr Hunde und Elche als Menschen lebten, kam es eines Tages über Ingrid Powlin, eine unbescholtene Bürgerin, für den Weltfrieden zu meditieren.

Es war nicht leicht.

Anfangs ließen sie ihr Mann und ihre Kinder gewähren und nahmen es die Nachbarn als Schrulligkeit, die man sich in den Weiten dieses Landes durchaus leisten durfte.

Aber als sie die Lachszeit, die Elchzeit und dann fast auch noch die Hochzeit einer Kusine verpasste, war es mit der Geduld vorbei.

„Das muss aufhören!" forderte ihr Mann Todd energisch, der normalerweise zu den sehr geduldigen Typen zählte.

„Du kannst doch nicht andauernd mit diesem Sch... "Om" dasitzen und einen auf Daueryogi machen!" schimpfte ihr ältester Sohn Dave.

„Sie macht mir langsam richtig Angst!" vertraute sich ihre Tochter Belinda einer Freundin an.

Ja, es war schwer und wurde immer schwerer. Beinahe wären ihre Beziehung und ihre Familie auseinandergebrochen, weil selbst die Nachbarn anfingen zu lästern.

Ja, aber es zahlte sich aus. Nach einem knappen Jahr hatte sie den Schlüssel für den Weltfrieden gefunden. Anders gesagt-sie hatte einen Namen und ein Gesicht des Menschen, der eben jenes weltweite, friedvolle Miteinander aller Menschen störte und den es zu beseitigen galt, wollte man endlich das Paradies auf Erden schaffen.

5

Sie sagte es keinem, sondern ging direkt zum nächsten Lokalsender, der sich in fünfzig Kilometer Entfernung befand und ungefähr zweitausend, dreitausend Zuhörer erreichte.

Dort war man Skurriles gewohnt, doch längst nicht auf das vorbereitet, was Ingrid Powlin zu erzählen hatte. Das klang so unglaublich und so sehr nach Phantasie, dass sie es kaum senden mochten.

Aber dann sendeten sie es doch, und zwar völlig frei von Häme. An jedem anderen Tag, zu jedem anderen Zeitpunkt, hätten sie es nicht getan oder zumindest nur mit viel Spott verbunden.

6
Der Beitrag war nicht lange, doch er wurde von einem Provinzrapper namens „Fat Salmon Gordon" gehört und sofort, noch in derselben Nacht, in ein Lied mit dem Titel „Buller stinks" verarbeitet.

7
Der Song wurde zunächst nur auf lokalen Radiosendern in Alaska gespielt. Aber dann sandte ihn ein Radiomoderator einem Produzenten in L.A., der nach einigen Misserfolgen mit Newcomern äußerst vorsichtig war und eigentlich lieber mit bekannten Interpreten arbeitete.
Deshalb ließ er das Material einige Zeit liegen und fand, als er es sich schließlich doch anhörte, dass ihm seine Herkunft deutlich anzumerken war. „Ein Rapper aus Alaska, wann hat man je davon gehört?" dachte er kopfschüttelnd.
Aber dann legte er aus unerfindlichen Gründen die Scheibe ein zweites, dann ein drittes und schließlich viertes Mal auf und fand, dass das Lied mit jedem Mal besser wurde.

8
Er lud „Fat Salmon Gordon" nach L.A. ein und produzierte das Lied neu. Er gewann

große Namen für dieses Projekt. Lulu ließ sich herab und sang im Background zusammen mit Eyelischa, ihrer größten Konkurrentin. Es war ein offenes Geheimnis, dass sich die beiden auf den Tod nicht ausstehen konnten. Doch es lag ihnen am Herzen, die Sache zu unterstützen.

„Ich hatte von Anfang an so ein gutes Gefühl bei dem Projekt" sagte Lulu, „einfach weil ich gleich spürte, dass es um mehr geht."

„Ja, ganz genau. Als die Anfrage kam, wusste ich sofort, dass ich da mitmachen wollte. Nein, *musste*. Denn, es mag jetzt vielleicht seltsam klingen, doch als ich den Titel hörte, den Namen, da verstand ich, dass wir den Schlüssel zu etwas Großem in Händen hielten."

Auf die Nachfrage, was Eyelischa genau damit meinte, antwortete Lulu, mit dem Einverständnis ihrer Kollegin.

„Die Chance, also *die* Chance, auf den echten Weltfrieden. Nichts Geringeres."

„Du sagst es, Schwester." pflichtete Eyelischa ihr bei.

Man ließ die Aussage der Beiden so stehen, obwohl sie zu dem Zeitpunkt noch zu einer Minderheit gehörten; den meisten war sie zu gewaltig, eine blanke Übertreibung, nichts anderes.

Es sollte sich ändern und zwar auch dank des missionarischen Eifers, den die beiden ehemaligen Konkurrentinnen an den Tag legten, für eben jene Sache zu kämpfen und für das sie die engsten Freundinnen wurden, die man sich vorstellen konnte. Niemand hätte je gedacht, dass die beiden sich so nahe kommen könnten.

9

Das Lied schoss quasi über Nacht auf die Nummer eins der Billboard Charts. Damit hatte keiner gerechnet, da „Fat Salmon Gordon" bis dato unbekannt gewesen war und es auch trotz Unterstützung durch Lulu und Eyelischa eher unwahrscheinlich gewesen war, dass „Buller stinks" innerhalb so kurzer Zeit zur Nummer eins werden sollte.

Wie unglaublich das war, erwies sich daran, dass gleich mehrere Superstars zur selben Zeit ihre neuen Singles auf den Markt warfen. Sie blieben alle zähneknirschend hinter „Fat Salmon Gordon" und, das muss auch mal deutlich gesagt werden, hinter den Erwartungen zurück. Aber es war auch kein Wunder, sie waren eben zu alt, irgendwann hatte jeder seinen Zenit überschritten und seine Anziehungskraft verloren, die so viele Fans an ihn gebunden hatte.

10

Fat Salmon Gordon wurde zum Superstar. Die Fans quer durch die USA feierten ihn frenetisch, wo auch immer er auftrat. Jedes Schulkind kannte „Buller stinks" bald in- und auswendig.

Highschools in Ost und West, Süd und Nord der USA übten verschiedenste Tänze auf die Melodie ein. Cheerleadergruppen überboten sich in ihren Choreographien auf „Buller stinks". Das Ganze fand seinen Höhe-

punkt beim Superbowl, als die Anfeuerungsmädchen beider Teams auf Fat Salmon Gordons Superhit hin tanzten.
Selbstredend gewann Ingrid Powlin ebenfalls an Bekanntheit und war bald nicht mehr aus dem amerikanischen Fernsehen wegzudenken.
Das war jetzt vielleicht kein Zufall, denn, seien wir mal ehrlich, es haben schon andere unbeschriebene Blätter ihren Weg ins Fernsehen gefunden, die weitaus weniger Spektakuläres zu bieten hatten als Mrs. Powlin.

11
Nach einiger Zeit schwappte die Euphorie um „Buller stinks" auch nach Europa, und schließlich die ganze Welt über.
Großbritannien nahm das Lied im Sturm, ebenso wie Deutschland und Holland. Die Franzosen und Italiener, wie konnte es auch anders sein, ließen sich nicht so leicht überrennen, gaben am Ende aber auch nach.
Portugal und Spanien hielten schon wegen den Touristen nicht stand.
All das war kein Zufall.
Anders aber, dass es keinen Erdteil gab, in dem das Lied nicht gespielt wurde, wirklich keinen; selbst in den entlegensten Ecken, seien es nun Dörfer und Städte in den Anden, der afrikanischen Steppe, den unzugänglichen Bergen des Himalaja, im Dschungel, im ewigen Eis und, und, und.

12

All das ließ den, um den es ging, kalt. Gebhard Buller kannte das Lied natürlich auch, es gab ja kein Entkommen. An allen Ecken und Enden wurde es gespielt, so dass er es hörte, ob er nun wollte oder nicht.

Natürlich wunderte er sich über den Titel und ärgerte sich auch darüber. Da war er nicht der einzige, denn es gab schließlich noch mehr, die diesen Nachnamen trugen.

Sein Bruder nahm es im Allgemeinen gelassener als er. Allerdings ließ er dreimal die Fäuste sprechen, um ein paar besonders gehässige Lästerer in die Schranken zu verweisen.

Gebhard Bullers Glück war jedenfalls, dass Ingrid Powlin nur seinen Nachnamen gesehen und sein Gesicht nur undeutlich wahrgenommen hatte. So blieb ihm eine Galgenfrist, aber es war nur eine Frage der Zeit, bis sie ihn eindeutig identifiziert hatte. Das wäre nicht weiter dramatisch gewesen, hätte sie nicht in zunehmendem Maße und immer rapider Anhänger gewonnen, die nicht nur aus der allgemeinen Bevölkerung kamen, sondern vermehrt auch aus der Oberschicht und der politischen Elite.

Ach ja, und ein bisschen war es wie in „Wag the Dog". Dem Präsidenten kam ein weltweiter Sündenbock gerade recht. Deshalb schürte sein Stab die Gerüchte und hob Ingrid Powlin in die elitären Talkshows. So wurde sie das Anrüchige, das sie immer umfloss, nach und nach los. Es war eben etwas anderes, ob du bei Jerry Springer warst, der nur auf billige Unterhaltung aus war, oder aber bei Delos Flowers, die nur die „Oberen Zehntausend" zu Gast hatte.

13

In Deutschland gewannen die Ostermärsche wieder an Bedeutung. Die vor allem in den siebziger und achtziger Jahren sehr beliebten Märsche hatten in den Jahren zuvor einen ausgeprägten Teilnehmerschwund verzeichnet.

Dann aber war „Buller stinks" gekommen und hatte alles verändert. Mit strahlenden Gesichtern berichteten die verantwortlichen Veranstalter von den unzähligen Jugendlichen, die mit ihren Plakaten an den Märschen teilgenommen hatten. ´

„Beliebt waren Titel wie „Sag NEIN zu Buller!", „Zum Teufel mit Buller!" oder „Buller for Beulenpest!"", erklärte schmunzelnd eine Sprecherin der Veranstalter, der man ansah, dass sie in den achtziger Jahren angefangen hatte, an den Märschen teilzunehmen.

Gebräuchliche Ausdrücke wurden verändert und mit Bullers Namen ersetzt. So hieß „den inneren Schweinehund überwinden" bald „den inneren Buller überwinden".

Es war wie eine Lawine, die, einmal losgetreten, immer unaufhaltsamer wurde, weil sie immer mehr mit sich riss und dabei an Größe gewann.

Buller hörte das „Donnern" wohl. Doch noch immer verstand er nicht, dass er in Gefahr war. Das war ja das Perfide an der Situation. Ständig fiel sein Name und das in zunehmend gehässigeren Tönen, doch weil es so viele andere mit seinem Nachnamen gab, musste er sich keine Sorgen machen. Schließlich war er der friedlichste Kerl, den man sich vorstellen konnte. Es war gut möglich, dass er erst dann verstand, wenn es zu spät für ihn war. Dann, wenn sie ihn von allen Seiten eingekreist hatten.

14

Außerdem waren andere „Bullers" zuerst dran. Sieben allein in New York, drei in Boston, vier in Denver und noch einmal zwei in San Fransisco.

Sie alle kamen mit kleineren Verletzungen und dem Schrecken davon, weil sie rechtzeitig fliehen konnten oder aber von der Polizei gerettet wurden.

Bald sah sich die Politik gezwungen, einzuschreiten und die Menschen dringend vor Übergriffen an Unschuldigen zu warnen. „Es soll keiner glauben, dass er ungestraft davon käme, nur weil er denkt, er vollbringe ein gerechtes Werk!" lautete die strenge Warnung und als dann doch ein unbescholtener Buller zu Schaden kam- man hatte ihn aus dem Fenster eines dritten Stockwerks geworfen, so dass er lange Zeit auf der Intensivstation lag, ehe er wieder genas- bestrafte man die Täter schwer, so dass Nachahmer sofort eingeschüchtert wurden und die Übergriffe endlich abebbten.

„Der infrage kommende Buller wird gefunden werden!" versprach die Politik allen, die voller Sehnsucht darauf warteten, dass der „Richtige" bald gefasst würde. „Frau Powlin wird ihn irgendwann identifiziert haben. Sobald das geschehen ist, werden wir ihn uns greifen und die Welt von ihm befreien."

15
Diese Drohung wurde weltweit wiederholt. Alle Regierungen versprachen, den infrage kommenden Schurken fassen zu wollen. „Es wird keinen Ort geben, an dem er sich verstecken kann. Wir werden alle gemeinsam stehen und werden gemeinsam, Hand in Hand, diesen Bedroher des Weltfriedens fassen!" sagte Ranjeed Bhepaj in seiner ergreifendsten Rede als Generalsekretär der UNO Vollversammlung.
Und sie nahmen sich alle an den Händen und sangen das eigens komponierte Lied „United We Stand Against Buller". Der Komponist hatte sich unglaublich viel Mühe gegeben und eine sehr ergreifende Melodie gezaubert, die ihnen allen eine Gänsehaut bescherte, so wie einst das Lied von „Band Aid" „Do they know it's Christmas".
Die Abgeordneten lagen sich in den Armen, Tränen flossen, alte Streitigkeiten wurden beseitigt, Grenzen auf einmal anerkannt und ewige Feindschaften begraben.
„Es ist ein wahres Wunder!" beschrieb der Abgeordnete Guatemalas die Szene und rief seine Landsleute dazu auf, Kerzen für Frau Powlin anzuzünden, damit sie den betreffenden Buller identifizierte und er bald gefasst würde.

16

Sie folgten seiner Aufforderung in Massen und bald glühten die Kirchen im Schein der vielen Kerzen.

Es wurde eine richtige Bewegung. Von Guatemala ausgehend strömten die Menschen bald auch in anderen Ländern in die Kirchen, um Kerzen für Frau Powlin anzuzünden.

Und irgendwann spielte es auch keine Rolle mehr, ob nun eine katholische, orthodoxe oder protestantische Kirche zur Verfügung stand.

Die Kerzenhersteller bekamen alle Hände voll zu tun. Ihre Lager wurden leer gekauft und weil sie mit der Produktion nicht mehr hinterher kamen, entstanden viele neue Arbeitsplätze.

Selbst wirtschaftlich sehr schwache Regionen blühten dadurch plötzlich auf, so dass ein neues Lebensgefühl entstand. Die Menschen in Brandenburg, Sachsen-Anhalt oder Mecklenburg-Vorpommern, die bis dato nur eine Karriere als Sozialhilfeempfänger gehabt hatten, fassten neuen Mut und wurden aktiv. Sie gründeten neue Existenzen oder aber bildeten sich fort und wurden bald begehrte Arbeitskräfte, so dass sich viele Firmen in diesen Regionen niederließen. Die von Helmut Kohl prophezeiten „Blühenden Landschaften" wurden bald überall Realität.

Doch nicht nur in Ostdeutschland begann das Leben zu erblühen. Man sah denselben Effekt überall auf der Weltkugel, weil die Staaten endlich dazu übergingen, gerecht miteinander umzugehen und Diktatoren,

überwältigt von dem neuen globalen Welt-
sinn, den Weg für echte Demokratien frei
machten.

17

Da gab es diesen einen Staatsmann aus
Togo, der als Einziger darüber nachdachte,
wie viel Positives durch die Jagd auf den
ominösen, weltweiten Staatsfeind Buller
schon geschehen war.
Sein Fazit: „Eigentlich müsste man ihm danken, wenn man ihn fände! Ohne ihn wäre
das alles ganz sicher nicht geschehen."
Leider behielt er diese Gedanken für sich,
und seltsamerweise kam kein anderer auf
dieselbe Idee.

18

Es gab manche Tage, da wünschte sich
Ingrid Powlin, den Mund gehalten zu haben.
Es war sehr anstrengend, im ständigen Fo-
kus der Weltmedien zu stehen und noch
anstrengender, die ständig wachsenden
Anforderungen der Weltbevölkerung zu er-
füllen.
Niemand setzte sie bewusst unter Druck,
doch sie spürte genau die Ungeduld, mit der
alle darauf warteten, dass sie endlich den
Übeltäter ausfindig machte.
Sie gab sich ja auch alle erdenkliche Mühe
und schonte sich nicht. An manchen Tagen
meditierte sie bis zu achtzehn Stunden.
Doch am Ende war es immer dasselbe. Sein
Gesicht stand manchmal stundenlang vor
ihrem inneren Auge, doch immer so un-

scharf, dass sie es nicht in allen Details beschreiben konnte. Ein paar Dinge hatte sie in der Zwischenzeit schon herausgefunden. Er war blond, mittelgroß und von eher heller Hautfarbe.

Das reichte natürlich beileibe nicht aus. „Ich kann ja nicht halb Schweden verhaften lassen!" dachte sie. „Aber wenn ich sein Gesicht nicht bald deutlicher sehe, wird mir wohl nichts anderes übrig bleiben, als diese Beschreibung weiter zu geben. Irgend jemand wird dann hoffentlich die richtigen Schlüsse ziehen, so dass auch der echte Übeltäter gefasst wird."

19

Die Welt unterstützte sie in allen Belangen. Globale Gebetstreffen, Ingrid-Powlin-Gedenktage, Empfänge beim Papst, der Königin von England, der EU, dem asiatischen Staatenbund, wiederholt beim amerikanischen Präsidenten, dem Dalai Lama...

Kinder aus aller Welt sendeten ihr selbstgemalte Bilder, selbsterdachte Gedichte, Grüße...

Das alles gipfelte schließlich in einem gigantischen, globalen Open Air, das selbst noch Live Aid übertraf. Es dauerte eine komplette Woche und beinhaltete Übertragungen aus: Yokohama, Peking, Perth, Berlin, London, Paris, Barcelona, Tunis, Kapstadt, Moskau, Turku, Kairo, Jerusalem, Rom, New York, L.A., Vancouver, Bombay, São Paulo...

Inzwischen wurde Ingrid Powlin der Kult um ihre Person dann schon unheimlich. Das hatte sie so nicht gewollt. All diese überdimensionalen Plakate, die in sämtlichen Stadien hingen, all die Grüße an sie, die die Stars in die Menge und die Welt hinaussandten. Die ständigen „Powlin, Powlin" Jubelrufe der Fans...

Und all die neugeborenen Mädchen, die weltweit auf den Namen „Ingrid" getauft wurden... Das alles fand sie, wenn sie ehrlich war, schon sehr übertrieben.

20

Buller sah sich fast die komplette „Powlin Aid" Übertragung an. Das ständige „Buller stinks" oder „Zum Teufel mit Buller" hörte er schon gar nicht mehr richtig.

Allerdings dachte er, angesichts der riesigen Massen, dass er nicht in der Haut des Buller stecken mochte, den sie alle mit jedem vergehenden Tag mehr hassten.

Es war schon sehr beängstigend, in die Gesichter der ansonsten friedlichen Fans zu schauen, wenn sie interviewt wurden und von diesem Weltfeind, wie er inzwischen genannt wurde, sprachen. Wie sich die lachenden Gesichter dann in hasserfüllte, ja, man mochte schon Fratzen sagen, verwandelten. Das bescherte ihm jedes Mal eine Gänsehaut und es machte ihm Angst. Manchmal sah er die Gesichter in seinen Träumen und wachte schweißgebadet auf. Und manchmal trat er dann voller Anspannung an sein Fenster und starrte nach draußen, in der festen Überzeugung, dort stünden die Massen und starrten mit hasserfüllten Gesichtern zurück.

Meistens fand er danach nicht mehr in den Schlaf, weil er viel zu aufgewühlt war von diesen Träumen. Sie verfolgten ihn auch noch beim Austragen der Tageszeitung und er bekam großes Mitleid mit seinem Namenskollegen, der so tief in der Klemme saß. „Armes Schwein!" dachte er. „Ich hoffe, sie gehen gnädig mit dir um, wenn sie dich gefasst haben!" Wenn er ehrlich war, glaubte er nicht so recht daran. Man musste nur in die hasserfüllten Gesichter sehen, um zu verstehen, dass da nicht viel Platz war für Mitleid.

„Dann wünsche ich dir wenigstens, dass es schnell gehen möge!" dachte er und trug mit einer Gänsehaut den Rest der Zeitungen aus, weil ihm das Bild einfach nicht aus dem Kopf gehen wollte, was die Masse mit seinem Namenskollegen anstellen würde.

21

Ingrid Powlin setzte sich eine Frist. Sie würde die Suche nach dem Weltfeind einstellen, wenn sie ihn nach Ablauf der kommenden zwei Monate nicht identifiziert haben würde.

Diese Nachricht löste weltweit große Anspannung aus. Das Kerzenanzünden erreichte einen neuen Höhepunkt, Gebetstreffen verzeichneten Rekordbesucherzahlen, Arbeitgeber und Schulrektoren beklagten sich über die wachsende Zahl an Ausfällen, die darauf zurückzuführen waren, dass die Menschen der zunehmenden Unsicherheit, ob Frau Powlin den Übeltäter denn nun vor Ablauf der Frist finden würde oder nicht, nicht gewachsen waren.

Ingrid Powlin zog sich in ein einsames Kloster im Himalaja zurück, um ungestört von allen äußeren Einflüssen zu sein. Ihre Konzentration hatte unter den ständigen Anrufen, Aufrufen, Einladungen und was noch alles, erheblich gelitten und ihr war klar geworden, dass sie nur dann Erfolg haben würde, wenn sie sich nur auf das Ermeditieren des Gesichts des Weltfeindes einließ.

Wie weise die Entscheidung war, wurde bereits nach zwei Tagen in der klaren Gebirgsluft deutlich. Einige unklare Ecken in seinem Gesicht wurden bereits scharf. Nicht viel, aber immerhin ein bisschen. Sie verfiel deshalb nicht in Euphorie, sondern blieb skeptisch, ob sie ihr gestecktes Ziel erreichen würde.

Damit machte sie alles richtig und kam der „Bestie", wie Buller der Weltfeind auch genannt wurde, immer mehr auf die Spur.

22

Im Internet, in den Tageszeitungen, im Fernsehen- überall auf der Welt zählten sie die Tage bis zu jenem Ende ihrer Meditation.

Die Zahl der Mitglieder der globalen „Anti-Buller-Liga" nahm stetig zu. Sie kamen aus allen Ländern, Rassen, Alters -und Bildungsschichten.

Es war ergreifend anzusehen, wie ein globaler Gemeinschaftssinn entstand, von dem selbst die Hippies der sechziger Jahre nur träumen konnten.

Im gleichen Maße, wie die Teilnehmerzahl der ABL wuchs, schwanden weltweit die Konflikte. „Ich widme meinen Kampf und meine Waffe dem Ziel, die Bestie zu besiegen!" brachte ein Kämpfer auf den Punkt, was so viele dachten und den erstaunlichen Schwund an Kriegen erklärte.

Eines stand fest: Mit jedem vergehenden Tag wurde die Schlinge enger um den Buller gezogen, der den Weltfrieden so sehr bedrohte.

Am deutlichsten machte das der Mitgliederstand der „Anti-Buller-Liga" zehn Tage vor Ablauf des Powlin Ultimatums, der dann die Eine-Milliarde-Grenze überschritt.

23

Man überlegte sich, was man mit diesem Weltfeind anstellen sollte, wenn er denn gestellt war.

Es gab die verschiedensten Vorschläge, die von vernünftig bis absurd reichten. Am Ende setzte sich die Idee eines Mannes aus London namens Geoff Meadows durch. Der wies auf die Aktion des einen Künstlers hin, der mehrere Tage lang in einem Glaskasten über London hing.

„Ich finde, man müsste diesen Weltfeind in einen Glaskasten stecken und in sämtlichen Städten der Welt ausstellen. Damit jeder ihn sehen und auch begreifen kann, dass die Gefahr endlich gebannt ist."

Sein Vorschlag fand, wie gesagt, Gehör und wurde einstimmig als die beste Methode angenommen, die hernach als die „Meadows- Methode" in die Geschichtsbücher einging.

Man einigte sich darauf, ihn nur in Hauptstädten auszustellen, loste die Reihenfolge der jeweiligen Städte aus und legte die Dauer der Ausstellung auf zwei Wochen pro Station fest. Bhepaj äußerte nämlich die Sorge, es könne ansonsten zu Streitigkeiten kommen, weil ihn schließlich jeder haben mochte.

„Das macht bei über 170 Ländern insgesamt mehr als 340 Wochen, also beinahe sieben Jahre. Das ist eine lange Zeit und ich denke, dass selbst Buller die Bestie irgendwann ein Anrecht auf ein „normales" Gefängnis hat. Wobei wir hier natürlich von einem Hochsicherheitstrakt reden." erklärte Bhepaj.

Buller stellte sich vor, wie es wäre, in so einem Glaskasten über den Hauptstädten der Welt zu hängen. Diese Demütigung, von allen angeglotzt zu werden, und... Ja, wie stellten sich die Leute das eigentlich mit dem Sanitären vor? In seiner Phantasie sah er sich dabei zu, wie er seinen Kehricht durch eine kleine Öffnung mitten auf den Platz beim Brandenburger Tor fallen ließ. Sah, wie die Leute angeekelt davon eilten, doch nicht rechtzeitig genug, so dass ein paar getroffen wurden.

Aus irgend einem Grund freute er sich sehr über diese Vorstellung, obwohl er ja nicht betroffen war, sondern nur zufällig den gleichen Nachnamen trug wie der Weltfeind.

24

Es wurde mächtig spannend. Drei Tage vor Ablauf der Frist hatte sich Frau Powlin immer noch nicht gemeldet. Das zehrte an den Nerven! Weltweit war die Anspannung zu spüren und es war, als hielte die komplette Erdkugel den Atem an.

Das Leben in den Städten wurde leiser, weil die Menschen nicht zur Arbeit, zur Uni oder in die Schule gingen. Öffentliche Transportmittel standen still, ebenso Taxis und Autos. Flughäfen waren nahezu verwaist. Die Menschen saßen fast stumm in den Bars, Cafés und Restaurants. Die Anspannung hielt sie alle gefangen, so dass kaum jemand seine Stimme fand.

Kinosäle blieben leer. Die verlassenen Autobahnen wurden vom Wild bald als Lebensraum entdeckt.

Die Innenstädte der Metropolen wirkten gespenstisch, wie ausgestorben, weil selbst die Börsen still standen.

Sportstadien blieben angesichts der angespannten Lage leer. „Wie könnten wir spielen? Mir schlottern, ehrlich gesagt, die Knie und meinen Mannschaftskameraden geht es nicht anders!" erklärte der frisch gebackene Welttorhüter des Jahres, Jens Lehmann stellvertretend für sein Team. Seine Aussage galt aber auch für alle anderen Sportler weltweit.

25

Gebhard Buller blieben zwei Menschen, auf die er sich verlassen konnte: Sein Bruder Thomas und sein bester Freund Gerhard Steeb.

Ohne den Letztgenannten hätte es düster ausgesehen für ihn.

Am Abend des drittletzten Tages erhielt Gerhard Steeb einen Anruf. Der Mann am anderen Ende der Leitung gebrauchte nicht viele Worte und legte nach nur dreißig Sekunden ohne zu grüßen auf. Danach saß Steeb erst einmal kreidebleich da und versuchte vergeblich, das Ungeheure zu begreifen, das der Andere ihm erklärt hatte.

Irgendwann stand er mit zittrigen Beinen auf, holte das Telefon mit nicht minder zittrigen Händen von der Station, drückte die gespeicherte Nummer seines Freundes, hielt dann aber inne. Einige Sekunden stand er unschlüssig da. Dann legte er den Hörer zurück. Irgendwie schien es ihm auf einmal möglich, dass jemand das Gespräch belauschen könnte.

Buller

Fünf Minuten später stand er vor Gebhards Haustür und klingelte Sturm. Buller war sehr ungehalten, als er endlich öffnete und Gerhard wich unwillkürlich zwei Schritte zurück.

„Was soll der Scheiß? Mann, ich war schon im Bett. Du weißt doch eigentlich, dass ich früh schlafen geh! Mann, ich muss um drei auf den Beinen sein."

„Steig bitte ins Auto. Frag nicht erst lange. Wir fahren zu Thomas."

112

„Spinnst du? Was soll ich da? Hast du mich nicht verstanden? Ich muss..."

„Du wirst morgen keine Zeitungen austragen! Und jetzt mach hier nicht lange rum, sondern steig ins Auto. Es ist zu deinem Besten!"

Buller war eigentlich nicht gewillt, der Aufforderung Folge zu leisten. Das stand ihm deutlich ins Gesicht geschrieben. Alles was er wollte war Routine. Sie war sein Anker in diesen verrückten Zeiten und sie half ihm, bei Verstand zu bleiben. Die Sache mit dem Weltfeind nagte doch sehr an ihm, nicht zuletzt, da sie alles durcheinander brachte. Nichts war mehr so, wie vorher. Nicht genug, dass er im Schlaf von Albträumen heimgesucht wurde, empfand er auch sein Leben momentan als solchen. Die Anfeindungen, die er fast täglich zu ertragen hatte, waren einfach furchtbar. Immerhin war er bisher von Übergriffen verschont geblieben.

Gerhard sah deutlich, dass sein Freund nicht begriff, wie viel davon abhing, dass er jetzt gleich zu ihm ins Auto stieg. Also trat er auf ihn zu und flüsterte ihm etwas ins Ohr. Die Vorsichtsmaßnahme schien etwas übertrieben, angesichts der Tatsache, dass keiner mehr unterwegs war um diese Stunde.

Wie auch immer, Gebhard Buller stieg daraufhin ins Auto und sein Gesicht ließ die Vermutung aufkommen, dass er die schrecklichste Nachricht seines Lebens erhalten hatte.

Buller

Sie kamen zwei Stunden später. Heimlich, von der Bevölkerung unbemerkt. Der Zugriff war perfekt organisiert. Weltweit schlugen die Behörden zu und internierten alle Bullers, derer sie habhaft werden konnten.

Ein paar hatten sich vorher wohlweislich abgesetzt, Adresse unbekannt und blieben trotz intensivster Suche unauffindbar.

Die Weltöffentlichkeit wurde nach Abschluss der Aktion über die Inhaftierungen informiert. Allein das Wort „Internierung" hätte für einen globalen Aufschrei sorgen müssen. Der blieb aber aus, stattdessen lagen sich die Menschen vor Freude in den Armen. Der Weltpresse sprach von einem großartigen Tag für die Menschheit und überschüttete die UNO, als die Initiatorin der Aktion, mit Lob.

Buller

Die wenigen Bullers, die nicht gefasst werden konnten, fanden keine Erwähnung. Man kehrte sie sozusagen unter den Teppich und suchte im Stillen nach ihnen.

Dazu führte man für die kommenden achtundvierzig Stunden erneut Grenzkontrollen ein. Das hätte unter normalen Umständen für kilometerlange Staus vor den einzelnen Grenzen gesorgt. Stattdessen aber lagen alle vollkommen verwaist. Keiner reiste mehr in diesen Tagen, abgesehen vom Militär, der Polizei, gelegentlichen Krankenwagen oder der Feuerwehr. Für jeden Nichteingeweihten musste es so erscheinen, als sei eine globale Ausgangssperre verhängt worden.

Diese Umstände machten es den drei Flüchtenden schwer. Da keiner reiste, fiel ein einzelnes fahrendes Auto ziemlich auf. Das hatten sie nicht bedacht und sich über die leeren Autobahnen gefreut. Das Trio war einfach ziellos umher gefahren in Ermangelung eines Planes und der Vorstellung, dass ein bewegliches Ziel schwerer zu greifen sei.

Auf diese Weise gelangten sie von der Alb in den Südschwarzwald und begannen irgendwann sogar, die Flucht zu genießen. Es war lange her, dass sie gemeinsam Urlaub gemacht hatten und zuweilen vergaßen sie auch den Grund ihres Trips.

Die dichten Wälder taten es ihnen an; in dieser menschenleeren Gegend schien es ihnen sicher zu sein. Sie überlegten sich ernsthaft, ob sie nicht irgendwo, mitten im Wald, übernachten und auch den Ablauf der Frist abwarten sollten. Passende Stellen gab es zuhauf.

Am Ende entschieden sie sich wegen den Spritpreisen für diese Lösung.

Sie hatten Glück, dass sie der Überwachung einige Zeit vorher entkommen waren. Es konnte sich keiner einen Reim darauf machen, weshalb das Auto plötzlich von den Bildschirmen verschwunden war. Fakt war, dass sie es nicht wieder fanden und auch die sofort verständigten Polizeistreifen in der Nähe völlig vergebens suchten.

Auf diese Weise blieb eine gewisse Chance, dass sie das Ende der Frist tatsächlich an Ort und Stelle abwarten konnten.

26

Vierundzwanzig Stunden vor Ablauf der Frist erstarrte das Leben vollkommen. Die ganze Welt erschien wie eine einzige, gigantische Fotowand. Nichts rührte sich, außer den Tieren in Wald und Flur.

Die, die nicht allein sein konnten, versammelten sich in Kirchen, Stadien, Hallen, Einkaufszentren, Plätzen, wo sie fast regungslos auf die erlösende Nachricht aus Tibet warteten.

Alle anderen saßen eingeschlossen in ihren Wohnungen vor ihren Computern oder Fernsehern. Die Bildschirme zeigten alle dasselbe. Eine Uhr, die die Stunden und Minuten bis zum Ende der Frist herunter zählte, und im Hintergrund das Portrait von Ingrid Powlin. Das Einzige, das diese Monotonie dann und wann durchbrach, waren eingeblendete Textzeilen mit der Bitte und, je näher es auf die Deadline zuging, dann auch Aufforderung, für sie zu beten, damit ihr endlich der Durchbruch gelänge.

„Es ist, als hielte die Welt den Atem an." beschrieb der UNO-Abgesandte aus Uganda die Situation treffend.

Nur einmal wurde das Dauerstandbild unterbrochen, und zwar durch die Meldung, dass ein Eilantrag zur Heiligsprechung Powlins im Vatikan abgelehnt wurde. Es sei aber kein endgültiger Beschluss, erklärte ein Sprecher des Kirchenstaats. Man wolle nur keine voreiligen Schritte gehen, das sei alles.

27

Ingrid Powlin glaubte nicht mehr daran, den Weltfeind identifizieren zu können. Das hatte unter anderem den Grund darin, dass sie mit jeder vergehenden Stunde die Last, die auf ihr bürdete, immer deutlicher spürte. Die dicken Klostermauern und die Abgeschiedenheit waren nicht länger in der Lage, sie vor dem Druck der Weltöffentlichkeit zu schützen. Sie wusste, dass alle Welt voller Anspannung darauf wartete, dass sie die Bestie identifizieren würde. Das ging selbstredend auf Kosten ihrer Konzentration.

Und so verrannen die Stunden...

28

Kurz vor Ablauf der Frist gab es einen bedauerlichen Todesfall. Ein gewisser Edwin Buller hielt dem Druck nicht länger stand und nahm sich das Leben, während er dem brandneuen Nummer eins Hit der „Manic Street Preachers" lauschte, mit dem Titel: „If you tolerate Buller, your children will be next."

29

Zehn Minuten vor Ablauf kam Ingrid Powlin plötzlich folgender Satz in den Sinn: „Das Böse versteckt sich meistens in dem Guten und der Harmlose erweist sich als der Schadhafte."

Sätze wie diese erscheinen an allen Orten, zu allen Zeiten und fast allen Menschen als sehr ominös. Ein bisschen was hatte es schon von einer Binsenweisheit oder einer in Weinlaune vorgetragenen Idee eines Philosophen.

Wie auch immer, für Frau Powlin war der Spruch goldrichtig. Es war, als beseitigten diese Worte alles Störende und als klärten sie ihren Blick so sehr, dass sie ihn schließlich sah.

Es war wie ein Schock, als er plötzlich in aller Deutlichkeit vor ihr stand und sie brauchte einige Augenblicke, um diese Tatsache zu verdauen. Es war nur logisch, dass sie nach fast einem Jahr der intensiven Suche und so kurz vor dem Ende ihrer Frist nicht gleich verstehen sollte, dass es vollbracht war.

„Kein Wunder, dass ich dich nie richtig erkannt habe!" dachte sie, als sie nach mehrminütiger Erholungspause erneut klar denken konnte. Der, den sie sah, wirkte so absolut harmlos, dass sie zuerst daran zweifelte, tatsächlich den Richtigen erwischt zu haben. „Du siehst nicht wie ein Monster aus."

Womöglich hätte sie geschwiegen und die Welt in Enttäuschung versinken lassen, wenn ihr nicht vorher dieser Satz in den Sinn gekommen wäre. Er überzeugte sie davon, dass dieser in Deutschland lebende Buller der gesuchte Weltfeind war, und so stand sie auf, öffnete die Tür ihrer Meditationskammer, in die sie sich eingeschlossen hatte und verkündete den vielen ängstlich blickenden Menschen, die sie begrüßten, dass sie die Bestie erblickt hatte.

30

Die Nachricht verbreitete sich in Windeseile und kam ein paar Minuten zu spät. Frau Powlin hatte ihre Entdeckung erst vier Minuten nach Ablauf der gesetzten Frist verkündet, und so lagen sich die ersten Menschen bereits vor Enttäuschung in den Armen, als die erlösende Neuigkeit endlich kam.

Danach war es, als hätte jemand die Schleusen eines gigantischen Stausees geöffnet. In allen Städten, Dörfern und Ländern strömten die Menschen auf die Straßen und feierten das, was hernach als das größte Festival aller Zeiten in die Geschichte eingehen sollte. Der Alkohol floss in Strömen, die Menschen liebten einander, Freunde wie Fremde lagen sich in den Armen, und überall wurden lange vorbereitete Feuerwerke gezündet.

„Das hier ist wie Woodstock XXL!" sagte ein Reporter sichtlich gerührt und schuf damit nicht nur einen Namen für dieses spontane und globale Festival, sondern zugleich auch eine neue Phrase.

Neun Monate später sahen sich die Kreissäle sämtlicher Krankenhäuser weltweit einer Flut Neugeborener gegenüber, wie es sie vorher noch nie gegeben hatte und später auch nicht mehr gab.

31

Die ganze Welt war auf den Beinen. Es gab einen regelrechten Ansturm an den Flughäfen, aber natürlich war es logistisch nicht möglich, alle nach Deutschland zu bringen, die jetzt plötzlich dorthin wollten.

Die Delegierten aller Länder der UNO flogen jedoch gemeinsam in das Land des Weltfeindes, und das auf Einladung des amerikanischen Präsidenten in einer eigens gecharterten Maschine.

Dort wurden sie über gesperrte Leitungen ständig auf dem neuesten Stand gehalten und hatten dadurch einen Vorsprung vor den Medien, die wie die Heuschrecken über das bis dato unbescholtene kleine Fleckchen Erde namens Berghülen hereinfielen, und die selbstverständlich davon ausgingen, dass er längst gefasst wäre.

„Wie lange, bis sie Wind davon bekommen, dass er noch auf freiem Fuß ist?" fragte der Abgeordnete Kanadas.

„Vierundzwanzig Stunden." erklärte der amerikanische Präsident.

Das wollte keiner so recht glauben. Acht, neun, zehn Stunden, das mochten sie noch annehmen. Aber vierundzwanzig Stunden schien ihnen eindeutig zu lang.

Der Präsident der USA blieb aber bei seiner Aussage und sein Lächeln versprach, dass es zu schaffen war. „Haben sie Vertrauen, meine Damen und Herren. Haben sie nur Vertrauen." sagte er.

32

Irgendwie wurden manche UNO Abgeordnete den Gedanken nicht los, sie seien alle nicht viel besser als der Weltfeind. Die Weltöffentlichkeit wartete voller Sehnsucht dar-

auf, die Bestie endlich zu Gesicht zu bekommen.

Stattdessen erhielten sie lauter Quark. Mal
hieß es, die Behörden in Deutschland hätten
den Weltfeind unter den Tausenden von
inhaftierten Bullers erst noch zu finden,
dann, er sei zwar gefunden, müsse aber erst
noch verhört werden, das dauere aber länger, weil so ein weltweiter Staatsfeind recht
viele perfide Pläne in der Schublade habe.

Dann gab es gesundheitliche Bedenken
wegen der Zurschaustellung in dem Glaskasten, die eine erneute und langwierige
gesundheitliche Untersuchung der Bestie
notwendig machten.

Die Ausreden fanden kein Ende und waren
so gut, dass sie niemand als solche erkannte. Auf diese Weise ließen sich Presse und
Weltöffentlichkeit tatsächlich vierundzwanzig
Stunden lang täuschen.

Der US-Präsident hatte also recht behalten,
aber das war ihm herzlich egal. Er schäumte
regelrecht vor Wut und sah es als persönli-
che Niederlage an, dass der Weltfeind auch
nach Ablauf der vierundzwanzig Stunden
noch auf freiem Fuß war. Das hatte er so
nicht einkalkuliert.

Die Abgeordneten der UNO beschlossen,
die Weltöffentlichkeit für weitere zwölf Stunden hinzuhalten, während sie Himmel mit-
samt Hölle in Bewegung setzten, den Ge-
suchten zu finden.

„Sie wissen alle, dass wir mit
heruntergelassenen Hosen dastehen, wenn
wir die Bestie in zwölf Stunden nicht
präsentieren können!" erklärte Ranjeed

erklärte Ranjeed Bhepaj mit aschfahlem Gesicht.

33

Die Masse an Einsatzkräften blieb natürlich nicht unbemerkt. Auf Nachfragen der inzwischen leicht irritierten Presse erklärte man, man gehe verschiedenen Spuren der Bestie nach und fügte hinzu, niemand auf der Welt könne sich das Ausmaß der verbrecherischen Aktivitäten der Bestie vorstellen.

Man sollte meinen, dass es eng geworden wäre für die drei Flüchtenden. Tatsächlich ließen die Einsatzkräfte keinen Quadratzentimeter Boden in Deutschland ununtersucht, wobei sie sich vollkommen auf die deutsche Bevölkerung verlassen konnten. Mittlerweile kannte jeder Gebhard Bullers Gesicht und da war keiner, der ihn gedeckt hätte.

Und doch wurde es die peinlichste Stunde der UNO. Sie wollten am liebsten alle im Boden versinken und nie wieder auftauchen. Die Welt war geschockt und der Schock saß so tief, dass sie sich erst nach Tagen langsam davon erholte. Die Verarbeitung des Traumas war nicht leicht. Bis zu dem Bekenntnis, dass der Weltfeind entkommen war, war die Menschen rund um den Globus davon ausgegangen, dass er längst in Gewahrsam sei. Schließlich hatten die Behörten zuvor doch extra alle Bullers interniert.

Es dauerte lange, bis die Weltöffentlichkeit der UNO verzieh und sie das Vertrauen zurückerlangte, das sie so kläglich verloren hatte.

Am Ende feierte man die Abgeordneten aber dann doch als diejenigen, die den Weltfrieden mitgeschaffen hatten.

Epilog

„Ich hatte ja keine Ahnung! Ich meine, da lebt man nichtsahnend all die Jahre neben einer Bestie. Hat man da noch Worte?"

„Mir wird jetzt noch Angst und Bange, wenn ich daran denke, wie nahe der Weltfeind mir jeden Tag kam!"

„Warum hat man uns nur nicht schon früher gewarnt?"

„Man denke nur an unsere Kinder! Mir wird schlecht bei dem Gedanken, wie leicht er sie beeinflussen konnte."

„Er hat ja schon immer etwas komisch auf mich gewirkt. Also, wissen sie, wenn einer allein in so einem großen Haus lebt..."

Jeder, wirklich jeder der in und um Berghülen lebte, durfte seinen Senf dazu geben. Die Reporter, die Kameras sogen alles geradezu gierig ein und verteilten es in alle Welt, die gebannt mehr von diesem Weltfeind erfahren wollte.

Drei Bücher schafften es in die Bestsellerlisten, die angeblich alles über die Bestie preisgaben, was es preiszugeben gab. Dass die Autoren Buller nie persönlich kennengelernt hatten, danach fragte keiner.

Ingrid Powlin wurde zur Ehren-Weltbürgerin ernannt und erhielt, nach anfänglichem Widerstand, dann noch zu ihren Lebzeiten die Heiligsprechung durch den Vatikan.

Bullers Haus und das seines Bruders wurden dem Erdboden gleichgemacht. Auf den Ruinen von Gebhard Bullers Haus wurde ein zehn Meter hohes Mahnmal mit folgendem Text in sämtlichen Sprachen errichtet: „Seid wachsam und hütet euch. Gebt dem Bösen keinen Raum und steht ihm entgegen, wo auch immer ihr euch befindet!"

Der Weltfeind wurde nie gefasst. An seiner Stelle wurden in sämtlichen Hauptstädten der Welt perfekt nachgeahmte Puppen in Glaskästen ausgestellt. Sie erinnerten die Menschen an die neue Zeit des Weltfriedens.

Wann immer Konflikte auszubrechen drohten, sahen die streitenden Parteien auf das Konterfei Bullers und stellten sämtliche Kampfhandlungen sofort ein.

Eine Friedenszeit wie diese hatte die Welt vorher und auch später nie wieder gesehen. Sie hielt über einhundert Jahre und sorgte für gleichmäßig verteilten Wohlstand auf der ganzen Welt.

Doch der Mensch vergisst irgendwann, und so kam es zu neuen Konflikten und schließlich einem weltweiten Krieg, der die lange Zeit des Friedens vergessen machte und die „alte Weltordnung" der Zeit vor Powlin und Buller wieder herstellte.

Ø

Dreihundert Jahre später kam es über eine Dame namens Veronica Powlin, für den Weltfrieden zu meditieren. Es dauerte ein Jahr, bis sie einen Namen und das (unscharfe) Konterfei dessen vor sich sah, der den allgemeinen Frieden störte.

Sie sagte ihrer Familie nichts davon, sondern ging direkt zur örtlichen Radiostation, die ihre Entdeckung nach anfänglichem Widerstand sendete.

Nur wenige hörten zu. Unter ihnen ein Provinzrapper namens „Cold Moose Lenny", der das Gehörte noch in derselben Nacht zu einem Lied verarbeitete, mit dem Namen...

Das hinterlassene Wort

Frederick wusste lange nichts von seiner besonderen Gabe, obwohl er sie bereits mehrfach eingesetzt hatte. Er konnte ja nicht wissen, dass er für die Scheidung der Eheleute Kromer verantwortlich war oder aber für die Bloßstellung der hübschen Nachbarstochter Nicole, die ihr den Verbleib in der Nachbarschaft unmöglich machte.

Mit seinen gerade mal acht Jahren war es Frederick unmöglich, eine Verbindung von seinem Wirken zu diesen Vorfällen zu ziehen. Wie auch? Selbst der größte Fantast hätte sich niemals träumen lassen, dass so etwas außerhalb der Fantastik existierte.

Es dauerte lange, bis Frederick verstand, dass er diese Gabe besaß, die ihn einzigartig machte, ja in eine Art Superheld verwandelte, auf eine zwar eher unspektakuläre Weise, aber dennoch.

Zuvor hatte es immer wieder Situationen gegeben, wie zum Beispiel an seinem zwölften Geburtstag, da schien es, als hätte er verstanden, aber dann zog er doch nicht die Verbindung zwischen der Ohrfeige, die der unangenehm von sich überzeugte Angeber von der hübschen Cafebedienung erhielt und seinem Wirken.

Es sollte vier weitere Jahre dauern, bis die Erkenntnis endlich kam. Es gab eigentlich keinen besonderen Grund, weshalb er an diesem einen Tag plötzlich verstehen sollte, außer dem, dass es wohl an der Zeit gewe-

126

sen war. So wie vielen großen Menschen der Vergangenheit die lange vergeblich gesuchte Erkenntnis irgendwann blitzartig zuteil wurde. Man nehme nur Luther, der nach zähem Ringen endlich den Sinn des Evangeliums verstand.

Im Gegensatz zu dem großen Reformator saß Frederick am helllichten Tage in der Straßenbahn und nicht des Nachts in einem Turm, auch suchte er nicht nach der Erkenntnis, die ihm gleich darauf zuteil wurde. Nun ja, als Auslöser dürfte wohl noch Jürgen Otts genannt werden, ein Depp wie aus dem Bilderbuch, aber immerhin derjenige, durch den er endlich verstand, obwohl es selbstredend nicht in dessen Absicht lag, Frederick dahingehend zu unterstützen.

Ganz im Gegenteil, wie üblich war er darauf aus, Frederick zu ärgern. Das tat er mit einer gewissen Vorliebe, so dass nicht nur bei dem Geärgerten der Verdacht entstand, dass es sein Lieblingshobby sei. Den Ausdruck benutzten auch seine beiden „Schatten", Wolfgang und Ingo, ohne die er niemals in der Öffentlichkeit anzutreffen war und, weitaus wichtiger, ohne die er niemals den Mut aufbrachte, Frederick anzugehen.

Der hatte die drei gleich beim Einsteigen entdeckt, lange bevor sie auf ihn aufmerksam wurden. Zwei Stationen lang blieb er unbelästigt, so dass seine Hoffnung auf eine friedvolle Fahrt genährt wurde, aber dann erhaschte Ingo doch einen Blick von ihm, und da war es mit dem Frieden vorbei.

„Hey Leute, seht mal, wen wir haben. Ist das nicht eine Schande? Sitzt hier `rum wie der „King Käs", blockiert gleich drei Sitze, so dass wir stehen müssen! Hey, Stinker, hast wohl keinen Anstand, was? Hat dir Mami nicht gesagt, dass man sich nicht so breit macht in der Straßenbahn? Nein? Jetzt pass mal auf, Arschgesicht, du hältst hier drei Sitze blockiert und deswegen müssen wir stehen."

Es war immer dasselbe. Otts Organ war so laut, dass ihn niemand ignorieren konnte in der gut besetzten Straßenbahn, weshalb sämtliche Passagiere dem Schauspiel zwangsläufig folgten. Frederick wurde sich der Aufmerksamkeit schmerzlich bewusst.

Wie oft war er schon mit hochrotem Kopf ausgestiegen, wie oft hatte er die Blicke der Fahrgäste auf sich gespürt? Frederick wusste wohl, dass ihre Missbilligung nicht allein ihm, sondern immer auch Otts und seinen debilen Kumpanen gegolten hatte. Das war ihm aber kein Trost, weil ihm nie jemand zur Hilfe geeilt war.

Es hörte ja niemals auf. Der Arsch machte auch dann weiter, wenn Frederick seinen Platz geräumt hatte. Ruhe hatte er erst nach dem Verlassen der Straßenbahn, manchmal gellten aber die hässlichen Worte des Trios auch dann noch in seinen Ohren, verfolgten den Unglücklichen selbst bis in den Schlaf.

Natürlich räumte Frederick auch dieses Mal seinen Platz und ließ seine Peiniger sitzen. Es half ja alles nichts.

Noch während er sich erhob, sah er die Kontrolleurin in einiger Entfernung stehen. Alle kannten sie, sie nahm ihren Job ernst, aber sie war niemals unfreundlich. Selbst zu den Schwarzfahrenden nicht, die sie erwischte. Im Gegenteil, man konnte fast den Eindruck gewinnen, es tat ihr leid, die Bußgeldbescheinigungen auszustellen.

Es bestand also kein Grund zu dem, was Frederick beim Aufstehen tat, und außerdem schämte er sich für die Worte, die er murmelte. Wobei er sich andererseits später auch schelmisch über die gelungene Aktion freute.

„Du hinterhältige, alte, schrumpelige Wanze! Warum kneifst du nicht deinen dicken, faltigen Arsch zusammen und machst hier die Biege?"

Diese Worte murmelte er unhörbar, als er seinen Platz unfreiwillig räumte. Und er träumte. Träumte davon, wie Jürgen Otts und seine grenzdebilen Bodyguards von diesen Worten bloßgestellt würden, weil sie urplötzlich laut herausposaunt wurden, während Elke Haidenraich- sie legte größten Wert darauf, nicht mit der Literaturpäpstin verwechselt zu werden, denn schließlich schrieb man sie mit zweimal „a" – vor ihnen stand und nach ihren Fahrausweisen verlangte.

Und er lächelte, selig wie selten zuvor, was seine drei Widersacher natürlich zu weiteren Gemeinheiten reizte. Ihre Sticheleien drangen aber nur wie durch Watte an sein Ohr, weil die Vorstellung, was die forsche Kontrolleurin- mithilfe ihres großen, stämmigen Kollegen- mit seinen drei Gegenspielern anstellen würde, einfach zu köstlich war.

Frederick war so sehr in seinen Tagtraum eingetaucht, dass er erst nach Haidenraichs dritter Aufforderung reagierte und seinen gültigen Fahrausweis präsentierte.

„Na, wir träumen wohl schon mitten am Tag, wie?" gab sie lächelnd seinen Fahrausweis zurück und bewegte sich dann auf das Trio Ingo/Wolfgang/Jürgen zu, das mit seinen gezückten Ausweisen auf sie wartete, inzwischen stumm geworden. Selbst diese Neandertaler begriffen, dass man egenüber Kontrolleuren besser keine Beleidigungen aussprach.

Aber dann!

Frederick standen selbst nach Jahren sämtliche Einzelheiten in Erinnerung: Die großen Augen Haidenraichs, die sich nach und nach verengten; die zunächst weichende Gesichtsfarbe, die bald darauf in tiefes Rot überging; der offene Mund, der sich mehr und mehr verengte; die erschrockenen Gesichter seiner Widersacher und die bald vollkommene Abstinenz jeglicher Farbe darauf- und wahrscheinlich hätte er jeden einzelnen Fahrgast, der sich in der Nähe des Skandals aufhielt, auch nach Jahren wiedererkannt.

All das, weil Jürgen Otts Haidenraich unvermittelt anbrüllte, vielleicht waren es auch alle drei- es gab keine genauen Angaben, wer sie denn nun so unverschämt angegangen war. Der Hauptverdacht lag allerdings schon bei Otts, da sie ihn im entsprechenden Moment kontrollierte.

„DU HINTERHÄLTIGE, ALTE, SCHRUMPELIGE WANZE! WARUM KNEIFST DU NICHT DEINEN DICKEN, FALTIGEN ARSCH ZUSAMMEN UND MACHST HIER DIE BIEGE?" Wirklich jeder anwesende Fahrgast war hernach in der Lage, die benutzten Worte zu wiederholen, mit der einen oder anderen zu ignorierenden Lücke. In der folgenden Stille (für das Trio schien sie sich bis in alle Ewigkeit zu dehnen, während tatsächlich nur fünfzehn Sekunden vergingen) schienen diese laut herausgebrüllten Worte wiederzuhallen, so dass es selbst denjenigen mit schlechtem Gedächtnis gelang, den Satz zu memorieren.

Beendet wurde die Stille durch Frau Haidenraichs eisiger Stimme, die selbst härtesten Granit zu schneiden schien. „Kollege, ich denke wir haben unsere Gewinner für heute!" sagte sie, ohne die Augen von den drei „Übeltätern" abzuwenden.

„Allerdings!" Auch der tiefe Bass des Zweimeter Hünen Norbert verhieß nichts Gutes. Das Deppentrio kauerte richtiggehend zusammen, als sein Schatten auf sie fiel.

„D-das waren wir nicht!" protestierte Jürgen, in dessen Stimme ein Anflug von Hysterie mitklang, die Frederick wohlwollend zur Kenntnis nahm.

Wieder einmal lagen alle Augen auf ihm und seinem Anhang; allerdings stand ihr liebstes Opfer diesmal unbeteiligt daneben. „Das wird euch lehren!" dachte Frederick voller

Häme und wollte seiner großen Freude am liebsten lauten Ausdruck verleihen.

Der gesamte Wagen lachte schallend, während ein Rot die Gesichter Jürgens, Wolfgangs und Ingos zeichnete, das eine bald bedrohliche Tiefe erreichte. „Bald platzen sie!" dachte Frederick und es war gut, dass der gesamte Wagen in Lachen verfallen war, so konnte auch er dieses Mal seinem lustigen Gedanken das befreiende Lachen folgen lassen.

Allerdings ging in dem allgemeinen Lärm das weiter Gesagte unter, ein kleiner Wermutstropfen, denn den Gesichtern nach zu urteilen bereitete es den drei Idioten noch größeres Unbehagen. Ihr Abgang an der nächsten Station entschädigte allerdings zur Genüge. Ihre hochroten Gesichter waren selbst in einigen Metern Entfernung noch gut zu erkennen, und Frederick wollte beinahe platzen vor Glück.

An diesem Abend fand er nur schwer in den Schlaf, am liebsten wollte er die Wände entlang laufen und an der Decke gleich dazu. Er lachte sich ins Fäustchen über den gelungenen Streich und bekam sich nicht mehr ein. Frederick dachte auch im Leben nicht daran, seinem in Bedrängnis geratenen Vater zur Hilfe zu kommen, der den wütenden Nachbarn mehrfach beteuerte, niemals im Leben Wagners „Walkürenritt" in voller Lautstärke gehört zu haben, auch wenn sein vor der Tür stehendes Auto womöglich den Anschein erweckt hatte, er sei daheim gewesen, denn eigentlich hatte ihn ein Arbeitskollege mitgenommen...

Seine Beteuerungen waren vergebens, genauso wie die seiner Schwester, die als glühende Opernverehrerin wiederum vom Vater verdächtigt wurde, die Übeltäterin zu sein, und wenn nicht sie, konnte es auch ihre Mutter gewesen sein, die eigentlich mehr auf die schnulzenartigen italienischen Opern stand, hin und wieder aber auch zu Wagner griff, wenn sie sich dazu getrieben fühlte, Aggressionen abzubauen.

Niemand dachte auch nur im Traum daran, Frederick zu verdächtigen, den glühenden Heavy Metal, Independent und Alternativ Fan. Der und Wagner? Nie im Leben!

Das war nun wirklich des Guten zuviel! „Wie wenig ihr doch versteht!" dachte er. Es war ja nicht so, dass er seine Familie nicht gern hatte. Doch dies war kein Tag, um ihre Ignoranz zu beseitigen. Oper und Metal ließen sich gut kombinieren, natürlich nicht die Italiener, die passten höchstens zu Eros Ramazotti, aber gerade Wagner mit seinen wuchtigen Klängen... Hätten sie nur einmal einen Blick in Fredericks Heavy Metal Magazine geworfen, wüssten sie, wie nahe sich manche Metaller der Oper verbunden fühlen. Der Frontmann von „Manowar" zum Beispiel, war ein glühender Verehrer des Bayreuther Superkomponisten Wagner.

Okay. Irgendwann aber klang die Euphorie ab. Nicht vollständig, zumindest aber so weit, dass Frederick ins Grübeln kam. Je öfter er die Szene vor seinem inneren Auge ablaufen ließ, desto konfuser wurde alles. Vor allem das „Wie" beschäftigte ihn, verbunden mit dem „Ob".

Frederick wusste mit absoluter Gewissheit, dass Jürgen mit seinem Clan genau die Worte benutzt, die er selbst zuvor beim Aufstehen gemurmelt hatte. Purer Zufall, was sonst? Es war doch nicht möglich, dass... Aber, andererseits, wie oft kam es vor, dass jemand genau dieselben Worte benutzte, die man selbst zuvor gemurmelt hatte? Und, viel wichtiger, wie bescheuert musste man eigentlich sein, diese Worte laut heraus zu schreien, wenn Dutzende von Zeugen zuhörten und die Angeschrieene einen Kollegen namens Norbert hatte?

Nein, selbst ein grenzdebiler Depp wie Otts würde so einen Stunt niemals abziehen. Tja, wenn das aber der Fall war, dann blieb nur eine Möglichkeit offen. Doch die war zu verrückt! Es war schlichtweg nicht möglich, aber...aber...

Je mehr Frederick über das Geschehen nachdachte, desto verzwickter wurde alles. Es käme einer Episode aus „Twilight Zone" oder „Akte X" gleich, wenn er auch nur für eine Sekunde annahm, dass er für die Unannehmlichkeit des Trios verantwortlich war.

Er fand schließlich doch noch in den Schlaf, wachte aber am Morgen wie gerädert auf, von Erholung keine Spur. Es war ihm, als hätten ihn sämtliche bizarren Träume dieser Welt heimgesucht, obwohl absolut keine Erinnerung von den Bildern und Geräuschen zurück blieb.

Mit seiner miesen Stimmung fiel er nicht besonders auf am Frühstückstisch. Vater, Mutter, Schwester waren alle gleichermaßen angenervt von der „Wagner-Episode".

So schweigsam war kein Frühstück zuvor verlaufen, obwohl sie alle Morgenmuffel waren. Sie schafften es noch nicht einmal, sich voneinander zu verabschieden, dafür aber die Eingangstür zu knallen, jeder einzelne von ihnen, so dass die Nachbarschaft genau ermessen konnte, in welchen Abständen die Familie nacheinander das Haus verließ.

Frederick verstand sich selbst und seine miese Laune nicht so recht. Nun gut, er war nicht richtig ausgeschlafen und fühlte sich dementsprechend gerädert, doch das ihn noch nicht einmal die Ansicht der S-Bahnhaltestelle als Symbol seines größten Triumphes aufmuntern wollte, war schon sehr seltsam.

Der ganze Tag war und blieb verkorkst und war gezeichnet von vergessenen Hausaufgaben, unfreiwilligen Slapstickeinlagen, die ihn dem Spott seiner Mitschüler preisgaben und schließlich einem unangesagten Test, dessen Aufgabenblatt er so jungfräulich zurückgab, wie er es erhalten hatte.

Auf dem Nachhauseweg ertappte er sich dabei, wie er sich seine drei Antagonisten herbei wünschte, als wäre ihre Präsenz der Anker, der dem so unwirklich scheinenden Tag ein Stück Realität zurückzugeben vermochte.

Daheim angekommen verkroch er sich in sein Bett, das er nur unter Zwang am Abend verließ, weil die Familie nun eben jeden Tag um 18.30 Uhr zusammen aß. Da war der Rest des Clans schon längst wieder gut drauf und er die miesgelaunte Ausnahme. Es fand ein richtiggehender Wettkampf unter den drei anderen statt, wer ihn denn mit seinen lockeren oder witzig gemeinten Sprüchen aus seinem dumpfen Brüten locken könnte. Das gelang keinem und so blieb er in seinem Zustand, bis er in sein Zimmer kam und das Symbol einer eingegangenen SMS auf seinem Handy entdeckte.

„Hallo Furzgesicht! Freu mich, dir morgen in den Arsch zu treten! Mulle."

Ah, nun war er also zurück, sein zweitgrößter Feind nach Jürgen Otts, Mario Ullmann, besser bekannt unter dem Spitznamen „Mulle"; damit war sie also wieder vorbei, die himmlische Zeit von vier Wochen. Ähnlich wie Otts schien Mulle keine größere Freude zu kennen, als Frederick einmal in der Woche so richtig aufzumischen. Nichts anderes hatte er für den morgigen Tag im Sinn. Die SMS war unmissverständlich. Die gebrauchte er immer, um Frederick auf seine kommende Abreibung vorzubereiten. Seit drei Jahren konnte er sich darauf verlassen, dass den Worten am nächsten Tag auch Taten folgten. Seit drei Jahren schlief Frederick schlecht nach dem Empfang dieser SMS.

Nicht so heute. An diesem Abend sorgte sie für eine schlagartige Verbesserung seiner Laune, so dass sein Vater sich zu dem Kommentar hinreißen ließ, er könne ja doch noch lächeln.

Alles war anders am nächsten Morgen. Alles schien zu kriechen an diesem Tag. Die Zeit beim Frühstück, die Straßenbahn, die Unterrichtsstunden und speziell die Zeit unmittelbar vor der Großen Pause.

Als die Klingel ging, stürzte Frederick aus dem Klassenzimmer, als drängte ihn falsch Gegessenes auf die Toilette. Die entsprechenden Kommentare seiner Klassenkameraden überhörte er geflissentlich, seine Gedanken waren nur auf diesen einen Ort gerichtet, den er sich ausgesucht hatte für das Duell mit Mulle.

„Wie gut, dass du Menschenaffe so vorhersehbar bist!" dachte Frederick. „Und wie gut, dass sie ebenso zuverlässig sind, Frau Wiesner!"

Die angesprochene Frau Wiesner war die Musiklehrerin der Schule, eine äußerst strenge, unnachgiebige Pädagogin, die Vergehen schnell und hart bestrafte und bei der sich selbst Mulle wie ein Schoßhündchen benahm.

Mulles und Frau Wiesners Wege kreuzten sich immer an derselben Stelle, weil sie sich Tag für Tag exakt gleich verhielten, ohne die geringste Abweichung.

Frau Wiesner kam im Stechschritt aus ihrem Musikzimmer und ihre Stöckelschuhe erzeugten einen richtiggehenden Technobeat.

Mulle dagegen kam wie ein Orang Utan mit seinen dreckigen Turnschuhen aus dem Zimmer geschlurft, in der linken Hand eine Speziflasche, in der anderen seine Vesperdose im XXL Format.

Frederick hatte keinen Grund zur Annahme, dass es an diesem Tag anders sein sollte. Dennoch aber war er nervös und überzeugt davon, dass irgendetwas anders laufen würde. Es *musste* ja so sein, wenn man sich etwas ganz doll wünscht, dann kommt doch immer etwas dazwischen.

Doch bisher lief alles wie immer. Gut. Sie würden sich also an der entsprechenden Stelle treffen. Aber, würde es dieses Mal funktionieren? Hatte es vorgestern überhaupt funktioniert, war es nicht doch Zufall gewesen, ohne sein Zutun? Sicher, ganz sicher war es so und es würde bei der Abreibung von Mulle bleiben.

Der hatte ihn mittlerweile entdeckt und grinste Frederick an. Seine Mund öffnete sich und er sprach lautlos. „Bis gleich, Pickelfresse!"

Weil Mulles Kopf ihm zugewandt war, während sein Weg sich mit Frau Wiesners traf, hatte Frederick wie bei Otts einen hervorragenden Blick auf das, was im Gesicht seines Antagonisten abging. Es ließen sich durchaus einige Prallelen finden. Was die Gesichtsfarbe anging, den Ausdruck- der Wandel von purer Gehässigkeit hin zu Erschrockenheit war in seiner Gleichheit verblüffend- die Wortwahl, mit der sich Mulle, der Menschenaffe herauszureden suchte, unddas allerbeste- die Erfolglosigkeit seines Bemühens, den Schaden abzuwenden. Ah, nicht zu vergessen die Reaktionen der Beistehenden, die denen in der Straßenbahn doch sehr ähnelten.

„ACH FRAU WIESNER, WAS ICH SIE SCHON IMMER FRAGEN WOLLTE- WIE LEBT ES SICH EIGENTLICH MIT EINEM DERMASSEN LANGEN STOCK IM ARSCH? ICH MEINE, ES IST SCHON ERSTAUNLICH, MIT WELCHER ELEGANZ SIE IHREN SCHRUMPELIGEN HINTERN ÜBERS PARKETT SCHIEBEN, DAS MUSS DER NEID IHNEN LASSEN!"

Frederick hatte weit über eine Stunde am genauen Wortlaut gebastelt. Er war nicht hundertprozentig damit zufrieden, aber da ihm alle anderen Formulierungen noch weniger zugesagt hatten, war es das Beste, das er zu bieten hatte.

Egal wie, es brachte den gewünschten Erfolg ein. Mulle, nach seinem vierwöchigen Krankenhausaufenthalt erst seit ein paar Stunden wieder an der Schule, wurde noch während der Großen Pause für zwei Wochen verwiesen. Das war jetzt nicht die Welt, doch was die Sache versüßte war die Tatsache, dass Mulle nach deren Ablauf auf Bewährung war. Zu behaupten, dass die Schule für ihn damit zum „Minenfeld" wurde, traf den Sachverhalt nicht, denn das war zu harmlos ausgedrückt. Ihn erwartete die Hölle, nichts anderes, denn Mulle war vielen Schülern leidenschaftlich gerne auf die Füße getreten. Die hatten so wie Frederick nur auf eine Gelegenheit gewartet, es ihm heimzuzahlen. Die war jetzt gekommen, denn er konnte sich dessen sicher sein, dass jedes Vergehen sofort seinen Weg zur Leiterschaft der Schule finden würde. Er konnte sich also nach seiner Strafe nichts mehr leisten und war damit dazu verdammt, lammfromm zu sein.

Dieses Mal hielt der Effekt länger an. Frederick war über Wochen gut gelaunt und durch nichts zu erschüttern, selbst durch schlechte Zensuren und die anschließenden Strafpredigten seiner Eltern nicht und genausowenig durch Missgeschicke und Unglücke, so dass sich seine Umwelt allmählich Sorgen um seinen mentalen Zustand machte. „Es ist doch nicht normal, wie gut gelaunt der ist. Ich meine, wieso grinst der dauernd? Und überhaupt, warum ist ihm das mit seiner Hose nicht peinlich? Das ist doch wirklich nicht normal, oder? Ich meine, *wirklich* nicht normal!"

Es war ja nicht so, dass Frederick nichts bemerkte. Ganz im Gegenteil, nichts von dem, was über ihn geredet wurde, entging ihm. Doch im Gegensatz zur Vergangenheit kümmerte ihn das Geschwätz nichts. Er war einfach nur glücklich, glücklich zum Einen über gleich zwei gelungene Racheakte an seinen Intimfeinden und ganz allgemein auch glücklich über den Besitz seiner Gabe.

Und er hegte und pflegte sie, lernte sie akzentuiert zu gebrauchen, war sogar in der Lage, die Worte zu transportieren, wie etwa eine Seifenblase, wenn es ihm nicht schnell genug ging oder er vor einer verschlossenen Tür und ähnlichen nicht zu überwindenden Hindernissen stand.

Zum (unbemerkten) Superhelden wurde er aber dann, als er nach einer Sendung von „XY Ungelöst" auf die Idee kam, die Gabe zur Verbrechensbekämpfung einzusetzen. So half er unter anderem, einen der aalglattesten und größten Dealer seiner Stadt dingfest zu machen, indem er ihn sein Versteck laut herausposaunen ließ, inmitten hunderter Zeugen und dummerweise vor den Ohren zweier Polizeibeamter, die nicht lange fackelten und ihn festnahmen.

Es folgten andere, kleinere und größere Verbrechen, die dank ihm aufgeklärt wurden, weil sich die Übeltäter selbst verrieten oder aber so dumm daherredeten, dass die Polizei aufmerksam wurde, sie in den Kreis der Verdächtigen aufnahm und letzten Endes dann auch überführte.

Frederick war deshalb natürlich sehr stolz auf sich und liebte seine Gabe jeden Tag noch etwas mehr.

In einem Aspekt allerdings wurde sie ihm auch unheimlich. Das war, als er Samstagabend vor dem Fernseher saß, in Erwartung des „Aktuellen Sportstudios", stattdessen aber nur die bekannte Volksmusikmoderatorin sah, die mit ihrem Programm einfach kein Ende fand und damit das Aktuelle Sportstudio um eine dreiviertel Stunde nach hinten verschob.

Weil er dazu verdammt war, der Show zu folgen, um nicht etwa doch noch den Anfang seiner Sendung zu verpassen, ärgerte sich Frederick so sehr, dass er irgendwann die Worte „Ich muss ihnen etwas gestehen, meine lieben Zuschauer. Ich habe ein Problem mit Inkontinenz, das sich mit jeder Sendung, in der ich alte, faltige Menschen wie sie neben den aufgedonnerten, Dirndl tragenden, vorzeitig gealterten Zwanzigjährigen und ihren Schleimerbubianhang sehen muss, noch um ein Vielfaches verstärkt. Danke für ihre Aufmerksamkeit." zu dem Bildschirm hin sprach.

Hinterher tat es ihm leid, was er angerichtet hatte. Die sonst so erfolgreiche Moderatorin verlor prompt ihren Job und jede Möglichkeit auf eine erneute Anstellung beim Fernsehen. Sie verschwand hinterher spurlos, und die Meinungen über ihr Schicksal gingen weit auseinander. Selbstmord, Sekteneinstieg, Villa auf den Seychellen- drei Schlagworte, die im Zusammenhang mit ihr des Öfteren fielen. Frederick hoffte selbstredend sehr, dass Erstgenanntes nicht der Wahrheit entsprach und er gab keine Ruhe, bis er ihr weiteres Ergehen in Erfahrung gebracht hatte. Demnach lebte sie glücklich und zufrieden auf einer kleinen Insel in der Südsee und war dem Anschein nach nicht einmal traurig über das plötzliche Ende ihrer Karriere.

☺

Mehr als sechzig Jahre umspann seine „Karriere" und er vollbrachte Vieles; sowohl Nützliches, als auch Unnützliches. Nach seiner Entdeckung, dass seine Worte automatisch in fremde Sprachen übersetzt wurden, wenn er sie ausländischen Mitmenschen auf der Mattscheibe oder auch in der realen Welt zusprach, war er für einige äußerst tumultartige Ereignisse verantwortlich zu machen. Er „stürzte" mehrere Diktatoren und extremistische Rebellen und verhalf einigen Nationen zur Demokratie. In einem Fall aber löste er auch einen langjährigen und sehr blutigen Bürgerkrieg aus und war so erschrocken darüber, dass er seine Gabe nie wieder einsetzte, solange der Fernseher lief.

Es gab einige Fehlschläge in diesen mehr als sechzig Jahren, doch am Ende, auf dem Sterbebett, zog er ein positives Resümee und starb schließlich glücklich und zufrieden. Nicht allerdings, ohne einen letzten Dienst, indem er dem überaus schüchternen Pfarrer zu einer Frau verhalf, die der schon lange angehimmelt aber niemals von selbst gewagt hatte anzusprechen.